● 中学美文读本

# 怦然心动

主　　编：北京大学中文系主任博士生导师
温儒敏
北京师范大学中文系博士生导师
王富仁

（上）

吉林人民出版社

**图书在版编目(CIP)数据**

怦然心动／温儒敏，王富仁主编．—2版．—长春：
吉林人民出版社，2011．8(2015．5重印)
(中学美文读本)
ISBN 978-7-206-03832-7

Ⅰ．①怦… Ⅱ．①温… ②王… Ⅲ．①散文—文学欣赏—世界
②随笔—文学欣赏—世界 Ⅳ．①I106．6

中国版本图书馆CIP数据核字(2011)第180593号

**怦然心动**

主　　编：温儒敏　王富仁
责任编辑：张立华
吉林人民出版社出版发行(长春市人民大街7548号 邮政编码：130022)
网　　址：www.jlpph.com
全国新华书店经销
发行热线：0431-85395845　85395821
印　　刷：北京一鑫印务有限公司
开　　本：700mm×1000mm　1/16
印　　张：16　　　　　字　数：198千字
标准书号：ISBN 978-7-206-03832-7
版　　次：2011年9月第2版　　　　　印　次：2015年5月第2次印刷
定　　价：59．60元(上、下册)

# 序

这几年，文学圈儿内聒噪得不像个模样儿，什么怪诞的、荒谬的、离奇的、粗俗的……各式各样的文学流派粉墨登场，闹得花哨，闹得热火，闹得门前冷落读者稀，还嫌不够来劲，不够刺激。于是，把“美女作家”“新新人类”再推上前台，涂脂抹粉，扭腰摆臀，以争取新的亮点儿。

我们姑且把此类文学称之为“泡沫文学”，泡沫者，一闪即逝之物也。文学圈儿内倘若揉进了这类东西，那就无异于假冒伪劣商品，扰乱社会，坑害民众，甚至会致人残疾夺人性命——把文学硬是弄成非驴非马的模样儿，这是整个文学界的悲哀呵。

当然，这些年，我们的文学也有鲜亮的一面，有清新的空气，且不说那些重量级的作家推出的重量级的作品，就是一些野花小草，也丛生争妍，并时不时透出点儿韧劲儿，透出点儿暗香，叫人痴迷得癫狂不已，欲罢不能。

选编《中学美文读本》这套丛书的目的，就是想把散落于各地的野花小草集中起来，培以土壤，施以水肥，以供读者鉴赏。文体以时下较受青睐的精短散文、随笔为主，内容上讲究可读性、独创性和哲理性，有缠绵的情思，悠扬的春曲，亦有心灵的感悟，深沉的反醒。随手撷来，总有些油盐酱醋蕴含其中，让人几多回味，几多思索。

世纪之声交融，野花小草吐芳。

愿滂沛之文风常吹，精神之枝干常绿。

**编 者**

# 目录

## 心灵独语

## 青春经典

# 往事如烟

# 伞下的记忆

>> 罗　庆

今夜有多少秘密，迷惑着我和你。缠绵不停的风雨——风在晕眩，雨在迷离。凝望你的双眸，一股热流在心窝里涌起，双唇唱出温柔的呻吟。

A

走向一片湖水，风和雨把路面更换了封皮。

手挽着手，执一柄伞。走在风里我不畏缩，行在雨中我不迟疑，风雨声退向远方，此时此刻能听到的是我们的呼吸。

本是一次普通的邂逅，因潇潇洒洒的雨而美丽，伞下的记忆，变得更加清晰。

B

今夜有多少秘密，迷惑着我和你。缠绵不停的风雨——风在晕眩，雨在迷离。凝望你的双眸，一股热流在心窝里涌起，双唇唱出温柔的呻吟。

忍不住伸出手，抚摸今夜的风雨。任雨点敲打着脊背，感觉身上隐隐萌动着的新芽棵棵……

C

我收起玫瑰色的伞。串串足迹，缕缕柔情，也都跟着伞柄折叠成标本，珍藏在心底。

今年秋天还会有雨吗？在那个地方还会遇到你吗？

我愿天天在那儿停立，等待着秋风、秋雨，等待着……

## ■赏析

缠绵的风，迷离的雨，我们在夜里“执一把伞”，踏出“串串足迹”。此刻，“能听到的只是我们的呼吸”。“我”心中荡起了爱的涟漪，如今夜的雨一般美丽……

“玫瑰色的伞”映在你眼里，映出了多少秘密，映出了多少情意。“伞下的记忆”留在我心里，留下了多少思念，留下了多少欣喜。

我要在邂逅的地方伫立，等候今秋“潇潇洒洒的雨”，等待静美如诗的你……

# 望月不语

>> 蒋　桅

欲将潇洒偏难潇洒，今晚月圆繁星满空。我不想铺陈一起赏月共乐的往事。那样等于用针刺我一颗羸弱的心肺，殷殷滴血。

望月不语，奔泻如水的心事无头无尾地抛至脑海，于是动情于一沙一石之细，一草一木之微。

欲将潇洒偏难潇洒，今晚月圆繁星满空。我不想铺陈一起赏月共乐的往事。那样等于用针刺我一颗羸弱的心肺，殷殷滴血。蓬勃的莲心如伞缱绻，三分像人，七分像鬼……

我知道你如朱自清的散文，真诚、含蓄、适度。你的爱有大江的热烈、激情，也有小河的恬静、美丽，更有大海的宽容。可是，市厦熙攘，一日三秋。你如傲霜的秋菊战天斗地，心得风流；我的世界开始下雨飘雪，请给我一把伞！

习惯了敏感的拟想：月光下的两棵荫树，在静静的夜晚成了小镇温柔的梦茵，一颗是我，一棵是你；一个浓而不烈，一个清而不淡。

## 赏析

“我”静静地望着那轮圆月，不想回忆起甜蜜的往事。然而它奔泻如水，激荡着“我羸弱的心肺”。你的影像如此的清晰……

时光是一条永远流动着的河，将昨日的温馨带去，只留“我”对月思昔。而你，你在广阔天地间潇洒而立。相爱成为追忆。

“我”想像着月光下的两棵荫树，“一棵是我，一棵是你”，紧紧相依，共对风雨。此刻，“我”的心里飘起了温暖的雪，你是否可以与我一起编织新的美丽？

# ■暖冬的回忆

>> 梅　龄

窗外月光皎洁，我想起苏东坡的“但愿人长久，千里共婵娟”的词句，心底涌起一丝惆怅，一丝感慨，一丝苦涩。

第一次到这个城市，是在冬季里一个雪后的黄昏。

那一年我16岁。当其他同年龄的女孩子还在暖洋洋教室里看书或者做白日梦的时候，我已经带着盛满孤独和无助的行李走过好几个冬天。一个星期之前，我被那家小旅馆的老板娘辞退了，原因是她无法容忍我在半夜值班的时候看书，尽管走廊里的灯是通宵亮着的。关系不错的一个女孩介绍我到这个城市来，并给了我她一位表姐的通讯地址，她说这个城市一定会收容我。

那是一家小酒店。

我进门的时候，一个年轻的伙计正准备打烊。店里很小，几张木桌围拢在屋中央一个小小的炭火炉四周，那小伙子用火钩挑起炉盖，要把炉火封死，听见门响一回头，就看见了我。我的脸僵得张不开嘴说话。只顾了站在门口，贪婪地捕捉着从四面八方朝我拥来的棉团般的热气，而他显然对一个女孩子深夜孤身走进来有点意外，一时怔在了火炉边。过了好久，他问我：“要吃饭吗?”

我摇摇头，我说我只是太冷，如果他不介意的话，我只想在屋里站一会儿就走。

我等着他告诉我小店已经下班了，让我赶紧离开，可他什么也没说。他回过头去，放下手里的火钩和炉盖，歪着头想了一想，拿起旁边一把火铲，铲了几块木炭倒进炉子里，把一只烧水的大壶坐在炉子上。“那就坐下吧。”他说，“我们这儿不关门，你坐多久都行。”

壶里的水很快就开了。壶盖被水汽顶得突突直响，那小伙子从柜台里一道门帘后面匆匆走出来，拿着一个大搪瓷缸子，把它放在我面前的小桌上，我忙说我不渴，他抬头看了我一眼，说：“喝水不要钱。”

我低下头，看着自己的泪一滴一滴地落下去，落在缸子里，落在木桌上，不愿抬手去擦，怕他看见我可怜地哭，他却转身离开了。

过了好久，他又从帘子后面走出来。我刚把脸埋在胳臂里擦掉眼泪，看见他端来两个盘子，放在我面前。“忙了一晚上，我还没吃饭呢。”他很随意地说，“一起吃点吧。”

我没动。

我抬起头盯了他一眼。说真的，我并不相信他，他实在过于好心了，我不相信我真能碰上这样的好人。等我吃完就把碗碟收走了。那会儿我突然盼着他跟我聊点什么，他却拿了本书坐到柜台里，对我说：“你坐着歇会儿吧。我明天还得考核，不陪你说话了。”

接下来的几个小时，我们再也没说过一句话。他坐在那儿捧着书聚精会神地看，过上一会儿就走到炉边添炭或者往壶里添水，而我渐渐消除了戒备和敌意，又因为实在走得太累，竟然伏在桌上睡着了。

醒来的时候，天刚蒙蒙亮。我直起身，发现自己肩上竟披着一件厚厚的军大衣，而面前摆着一个盘子，里面是几个包子和两个煮熟的鸡蛋。我吃掉了那几个温热的包子，把鸡蛋揣进口袋里，在一张纸上写了“谢谢”两个字，连同那件大衣一起小心地放在柜台上，然后离开了依然温暖的小店。

那个白天，我顺利得如有神助似地找到了一份工资很低，但足以让我暂时维持生存的工作。

我后来就留在了这座城市。

几年过去，当我终于安定下来，自信不会再让人流露出可怜目光的时候，我曾经试图去寻找那家小酒店。可是，几年中的城市面貌已经有了很大改变，而我对当年走过的街道本来印象就很模糊，加上那种不起眼的小店实在太多太多了，所以始终没能找到它。常常想起那个夜晚，想起那间暖暖洋洋的小店铺，想起那个善解人意的小伙子，毫无所求地帮助了一个孤独的女孩，却还要小心翼翼地维护着她那幼稚的自尊心——想的时候会像那一晚一样，有种想掉泪的感觉。有天跟一位朋友谈起这段往事，他告诉我，那一年的冬天下过好几场大雪，是这个城市近十几年中最冷的一个冬天。我说我没觉得。在我的记忆里，那个冬天始终跟那小店的灯光，那熊熊燃烧的炭火炉，那坐在炉子上突突地冒热气的水壶和那只大大的搪瓷缸子联系在一起，我想，那是我有生以来感觉最暖的一个冬季。

## 赏析

是的，“那是我有生以来感觉最暖的一个冬天”。

就在那个冬天的夜晚，当“我”孤独地踌躇于人生驿站的时候，他出现了，站在“我”的面前，“小心翼翼地维护着”一颗“幼稚的自尊心”，用无声的语言驱散了“我”灵魂深层的寒意，那“炉火”，那“灯光”，那“冒着热气的水壶”，那“大大的搪瓷缸子”，还有那位“善解人意”的“小伙子”，带给“我”无限的亲情和温暖。

哦，就在那个冬天，“我”遭遇了一场多么温暖的大雪……

# ■必　然

>> 汪国真

性情急躁者必然鲁莽，心胸狭隘者必然嫉妒，骄傲者必然有所退步，行恶者必然遭致惩罚。如果不想有后面的果，则需改善和杜绝前面的因。

对于必然要发生的事情，人们至多只能改变其程度深浅或加快、推迟其发生，却不能避免它的到来。试图避免这种必然是不切实际的。

大至社会向更高的方向发展，小至一个人的生命走向衰老和死亡都是如此。

性情急躁者必然鲁莽，心胸狭隘者必然嫉妒，骄傲者必然有所退步，行恶者必然遭致惩罚。如果不想有后面的果，则需改善和杜绝前面的因。

对于同一件事，不同的人必然会做出不同的反应。正是从对事物一次次不同的反应中，我们认识和熟识别人，从中找到真正的朋友和知音。

当一个人利令智昏的时候，愚蠢便是必然的了。

19世纪英国作家狄更斯在小说《艰难世事》中描写的那个不走正道，抢劫雇主金库于前，又诬陷嫁祸他人于后，最终落入法网的汤姆，便是这样的一个典型。类似这样自以为聪明的愚人，在生活中不胜枚举。

干一种事业，勤奋是必然的，但成功在很大程度上仍具有偶然性，既然成功在很大程度上是偶然的而不是必然的，为什么还要干？因为不干连偶然都没有。

在北京，对有不断变换男友嗜好的女孩俗称：每周一哥。我想，摊上这个雅号的女孩子中有不少人恐怕有两个会是必唱曲目。第一个是笑着唱的，叫“月亮代表我的心”；第二个是哭着唱的，叫“妹妹找哥泪花流”。

婚姻是绝大多数人必然要走的一条人生之路，幸福还是不幸，却不是必然的。

一个聪明人，他不干必然会遭致失败的事情，他只干可能会失败的事情。

## 赏析

“对于必然要发生的事情”，人们是无法避免的。社会进步，人从生到死都是必然的。有了不好的因，必然会有不好的果。不一样的人，必然会对同一件事做出“不同的反应”。利令智昏的人，必须极为愚蠢。干一种事业，必然需要勤奋。许多人必然会选择婚姻。

然而必然中又往往有着偶然。比如在许多人中选择朋友，比如事业的成功，比如婚姻的美满，都不是必然的，而具有偶然性。聪明的，不要去干“必然会遭致失败的事情”，而要去干“可能会失败的事情”。

# 花 痴

>> 赵丽宏

地面绿芽迎风而长，而到仲春时，竟开出无数小花。烂烂漫漫，色泽炫目，邻居及过路者不无称奇。

再不与人搭话，只是整日喃喃自语："我是牛鬼，我是蛇神。我是花草血吸虫。"每日清早，老人提一个大壶在门前浇水，刮风下雨也不中断，其动作一如从前开花店的洒水浇水。邻人皆怜之，在背后称其为"花痴"。

第二年初春，卖花翁前门墙边凡有泥土处绿芽纷出。老人依旧表情木然，朝朝浇水，地面绿芽迎风而长，而到仲春时，竟开出无数小花。烂烂漫漫，色泽炫目，邻居及过路者不无称奇。老人每天早晨浇水之后，搬出一把竹椅坐在门口。守护着门前花草一直到天黑，吃饭也不肯进屋，直到街上无人走动才转身回家。细心者发现老人有变化：口中不再喃喃有词，神情也不再木呆，扫视门前花草时，目光中有了鲜活之气。

一日清晨，"红小兵"涌来，七手八脚将花草采摘践踏一番，并重新将"花中藏鬼，毒草害人"的标语贴到门口，然后唱着笑着离去。老人提壶出去，见状大惊，半晌，扔开水壶，哭喊道："我是牛鬼，我是蛇神，我是花草血吸虫！"哭罢又大笑，笑罢疾步出来。

中午，市郊铁路有一老翁卧轨惨死，死者手里紧捏着一束野花。

## 赏 析

老人对花的痴迷，对美好生活的向往，无不从他"朝朝浇水"的一举一动中反映出来。

无数的花朵"烂烂漫漫，色彩炫目"，它们"迎风而长"，可"老人”的表情为何依旧“木然”呢？

在那段高呼“牛鬼蛇神”的年代，有多少美好的什物被扼杀？有多少美好的心愿被掩埋掉呢？

但美终究会战胜邪恶，你看“死者手里紧捏着”的“一束野花”，它在向生者诉说什么、期冀着什么呢？

# 心言手语

>> 立 新

**相遇总是点点头，想说说是难开口。视线相交的一瞬间，我已感觉到你的温柔。**

感谢上天又让我碰见了他！我心里想。

回忆那个午后，没有任何预兆地下起了大雨。街上的行人忙忙地穿行在滂沱大雨之中。

我抱着书包不顾一切地向前冲着，接着又不顾一切地撞倒了一个人。

"对不起，真对不起！"那个人从污水中爬了起来。是我撞倒了人家，我道歉才对呀！我抬起头，哇！一个好帅气的男孩！

我惊呆了。

那男孩又说了好些个"对不起"就匆匆跑了。我好半天才把没有说出一个字的嘴巴闭住，空白的大脑恢复了刚才的意识。

咦！亮晶晶的，手表！

一定是那男孩掉的，我急忙转过身去，他早已没了影子。

一个童话般的故事，开始让我有了同他再次接触的机会。

他越来越近了。不知为什么，我的心跳得厉害，手里的汗水连手表都浸湿了。我赶忙捂住嘴，生怕一张口先蹦出来一颗血红的心。

他来了。我跑过去拦住了他，伸出手把手表放在他面前。他惊喜地看着我说："太谢谢了，我今天找了好半天还没有找到呢！"

最担心的事情最容易发生。名字？我该怎样告诉他？我该怎样发出声音……表达？我……该怎么办？

慌乱之中，我下意识地张开了嘴巴，发出的，竟是连我自己也不敢相信的"呀——呀"的怪叫！

他惊讶地望着我，从他渐渐失望的眼神中可以看出：一个哑巴女孩！

我忍受不了他灼灼的目光，转身就跑，任凭他在后边怎样地追喊。

去一个属于我的一个没有声音的地方，一个不用说话的地方，直到我再也跑不动了，我心里想。

上帝创造了我，又玩弄了我。在我出生五个月后，便得了舌根硬化症，使我丧失了语言功能。我多么想大喊，但喊出来的，都似公鸡打鸣，连我自己也怕听。

“等等——等一下……”

后面隐隐约约传来了叫喊声，原来那男孩追来了。这次，我没有逃避。他气喘吁吁地说：“刚……刚才，真对……对不起，我……我不……不是故意的……”

我摇摇头，打着哑语告诉他：没关系，我不介意。他似懂非懂地点了点头，像猜到了我的意思。

接着，他又问：“你可以听见我的声音吗?”我点点头。

他从书包里拿出笔和纸，在上面快速写了什么，然后递给我，就转身走了。

我打开纸：

小妹妹：

刚才的事先向你道歉。

一个人没有了说话的权力，并不表示没有生活的权力。人的路还很长，你一定要振作起来，让我们共同努力，去把握自己的命运，好吗?

另外，谢谢你帮我找到了手表，我还想告诉你——你真的很美。

信中没有署名。我的眼眶湿润了，望着他远去的身影，我举起双手，打着手势告诉他：我永远感激你。

远处，飘来孟庭苇婉转轻柔的歌声：“我能听见你的忧郁，却难告诉你，当我开口，声音就会消失在空气里……”

我转过身，掩面痛哭。

## ■赏析

鸟儿失去了翅膀，等于失去了自己。而“我”，没有张口说话的能力，也等于失去了人生的意义……

相知相遇，这是命的安排，而心的交融却成了“我”今生最大的安慰。你说“我们共同努力”，这谈何容易？然而却增添了“我”执著的向上欲。真想，真想为你高歌一曲，真想告诉你干事要小心翼翼，可我只有把一言一语种进心田，耐心的等待根和芽……

别忘了，“我”会永远感激你！

# 人，不是为痛苦而活着

>> 敖昊天

人生往往有许多一念之差。恰似山花烂漫之年，怀着童稚的梦投入社会大熔炉，一切却远非想象得那般纯真；数年面壁破万卷，自以为满腹经纶，却虚掷多少光阴；面临一次次挑战，欣喜若狂又企图不断调节所谓价值的走向。

匆匆又走过人生一程，突然想到应该作一曲挽歌。为人生的易逝，为青春的不再。一种似曾体味的惆怅蓦地变得清晰、缠绵，面对着如水流年，我恍若隔世，虽闻天籁却始终悟不出禅机。

人生往往有许多一念之差。恰似山花烂漫之年，怀着童稚的梦投入社会大熔炉，一切却远非想象得那般纯真；数年面壁破万卷，自以为满腹经纶，却虚掷多少光阴；面临一次次挑战，欣喜若狂又企图不断调节所谓价值的走向。也许人生就是这样，一方面充满怀旧的感伤，一方面又不得不同历史和自己作战。有时直战得天昏地暗，心力交瘁，永远没有片刻轻松。

不正是这样吗？自从有了人类的历史，人作为万物之灵，每时每刻不都在延续着成功与失败，追求与失落，理想与幻灭的悲喜剧吗？屡屡回首固然不是人生的全部意义，但在痛苦中追求，彷徨的人生就没有一点色彩？无须问天，无须问地，无须问任何精灵，人生的许多内涵和外延是终其一生也无法言喻，无法解答的。人来到这个世界，失落了，重新编织理想的经纬；跌倒了，爬起来仍然行色匆匆一如既往，去升华自己的人生。因为人并不是为痛苦而活着！

## 赏析

人，匆匆又走过一段人生，总有些抹不去的吧。转身回眸间，过去的岁月犹如一面镜子重重实实地跌落在思维的空间里。

“镜子碎了，仍有无数双闪光的眼睛”。

在这样的时刻里，文者唱一首挽歌，“为人生的易逝，为青春的不再”。

人的一生总是往复着大大小小的丧失。于是，一张痛苦的网织着一个个空虚的灵魂。其中，那坚强的生灵喊出：“人，不是为痛苦而活着。”

人，不是为痛苦而活着；那，人终其一生，为什么而活着？

# 这个冬季无牵挂

>> 向　青

在时间的荏苒流逝中，想起久违的你，思念油然而生。一张精致的卡片，一腔思念的情怀，加上虔诚的祝福，寄予远方的你。

漫天满地的金色叶片铺满视线，天气渐凉了。路人的脚步急促了，街头的摊点也收得早了，独自走在冷清的路上，一种酸楚涌上心头——这个冬季我再无牵挂。

你是过敏体质，五种食物和螨是你哮喘的元凶。秋末冬初，季节更替是发病的危险期，虽是早早为你备齐过冬衣物，像对孩子般叮嘱你避免过敏源、坚持打脱敏针、出了汗不要马上脱衣服，却仍难逃厄运。秋风起时，树叶飘零更令我坐卧不安，不知道你是否在风沙中前行。星期天从不敢偷懒，追着太阳晒褥；打扫房间，生火添煤从不让你沾手，尽管我黑黑的十指看上去像40岁的妇人。今天我仍保持这种习惯，和你活着时一样厌恶螨虫。

嫁给你三年多，医院的大夫都记住了我俩的名字，一次次打点滴，一个个难眠夜，也曾让我动摇、抱怨，也曾渴望有那么一天让心放飞，了无牵挂。而当这冬夜我一人独行，没有轻松，感到的只有悲凉。

那天你拎着包回来，流着泪对我说：“你要学会离开我以后生活。”十一天之后，肺癌从我的身边抢走了你，没来得及留下只言片语。

你走的时候，北京的冬天还没有过完，你将我抛在了永远的冬季，天更冷，夜更长。

一直有句话想问问你：“我给你的一切你还满意吧？”

## 赏析

两情相依。是爱的火焰把“我们”连在一起。没有过多的报怨，也没有无休止的责备。只有细细绵绵的爱穿透着“你我”的身心。

依托于那片幸福的港湾，依托于生命的那一个驿站，“我们”共同支撑着的大厦，对抗着恶魔的侵蚀，尽管“我们”最终败下阵来，但你要知道：世间还有一颗知冷知暖的爱心。

“这个冬季”我“怎么能”无牵挂呢?

# 千古绝唱

>> 栖　云

每个人心中都珍藏着一首歌，只要是千古绝唱，不怕觅不到知音。

铁树开花了！

趋之若鹜的惊讶，陡然将原本寂静的公园花圃湮没在熙熙攘攘之中，那些兴奋的目光，那些交口的称赞，那些千年不遇的荣幸心理，孔雀开屏般一览无余。

其实，铁树的花很丑！棒棰形姜黄色的茸团团，单调、呆板，缺少撩人魂魄的妖娆。它比得了高贵典雅的空谷幽兰吗？比得了雍容华贵的牡丹，还是傲雪迎霜的腊梅？铁树开花的荣耀源于稀罕——千年等一回啊！

本来，一个人丑陋、衰老，甚至带着某种缺陷走进生活，并没有什么可怕的，只要掌握好“价值”的含金量，同样可以出人头地，非同凡响。原来上苍一直恰当地恪守珍贵二字的准则，恩赐美，亦恩赐丑，决非厚此薄彼。美泛滥了，便也轻贱；丑稀罕了，便也珍贵，不过人的丑并非丑石，越丑、越陋、越皱，越价值连城，他必须战胜丑陋和缺陷，超越丑陋和缺陷，点化丑陋和缺陷，从而形成独树一帜的风采。

从前有一个人喜欢横吹竹管，周围的人都嘲笑他，吹奏那么一小截竹管，有伤大雅。可是横吹竹管的人并没因此而放弃热爱，虽然那一小截竹管的声音不似座萧悦耳，不似丝弦悠扬，但最终那截毫不显眼的竹管成了任何乐器都无法取代的笛子。

每个人心中都珍藏着一首歌，只要是千古绝唱，不怕觅不到知音。

## 赏析

**铁树开花，稀罕、珍奇！人们趋之若鹜，观珍觅胜，原因就在于**

"千年等一回"。

历史的长河中不知湮没多少将相帝王，他们一个个销声匿迹，如过眼云烟，而古代的几大丑女的传说，却与日月同辉，同大地永存，因为她们战胜了"丑陋和缺陷"，"超越了丑陋和缺陷"，用汗水和智慧铸就了自己的稀罕。

走自己的路，不管别人怎样看。奏响千古绝唱，自有知音相伴。

# 我呼唤友情

>> 张元章

荒凉的沙漠上可以看出骆驼的耐力，患难的经历中可以看出友谊的忠诚。

## 云海

我住在山上，你住在云里。

云海露出一角飞檐，我知道，那是你的楼阁。我抬眼从简陋的山居茅舍看你，你的面目却已变得朦朦胧胧。

你离我很近，却又那么遥远，对着高高在上的你，思念往昔，我唯有一种饥渴而悲哀的感觉。虚幻的云海，隔开了你我，你把我踩在脚下，便也把友情踩在脚下。

你不曾握我的手，我不曾握你的手。

有一天，太阳照得很热烈很辉煌，高傲的你，终于踏着云海浮上青天，抛弃了我，抛弃了淳朴的大山。

从此，你和我，一个天上，一个地下。

从此，失落和伤感，如烟似雾，萦绕不休。

## 无言的诗

我想写一首诗，但我无言。无言的我，只好留给你一张空白的纸，一首无言的诗。

我已经把自己的心取出给你，为什么你却是一副冰冷的脸孔，用它来冻伤我那颗火热的心？

窗外，秋雨缠绵地在阴晦的天空遗落下串串忧伤泪珠，你撑着一把伞，在远处悠悠然地欣赏雨景。在你眼中，难道我满腔炽热的情感，竟还不如一场阴雨么？

迷蒙的雨雾，模糊了你渐渐远去的身影。我想写一首诗，发泄心中的苦闷，但我失去了灵感。

你告诉我，你告诉我，我们的友情，究竟是为何而失落?

我的心还在你的身上吗? 我已是个无心的人了，然而我空洞的胸膛，却又开出了一朵美丽的小花，但请你不要再冷漠，我的心，禁不住你漠然的打击。

也掏出你的心来给我吧，把失落的友情，重新找回来，让我的诗不再那么无言，让我的心永远美丽，好吗?

心痕录

不顾我苦苦的哀求呵，你狠心掉头离去。

记不清从哪一天起，你就如同一块冬日的冰，寒冷的血液泛不起半点涟漪，淹灭了我以生命热情的火点燃的笑脸，刻骨的悲伤和夺命的痛苦让单纯善良的我无比憔悴。

然而你转身。

你转身，用那绝情的目光，陌生一般冷冷地盯我。而此刻，我的身体透明起来，我的心透明起来，你的任何一支狠心的箭，都是在刺伤并且粉碎我这颗脆弱的心。血流不止，落了一地的花瓣，我再不想打扫，我再不想哭泣，我的眼泪已经为你流干，而那张无泪却苍白的脸，却更是一帧无法抵挡的风景凄婉绝伦。

我苦苦哀求，然而你掉头离去。

你别走，你别走! 你可看见，寒夜的星光下，一个失意的男孩，孤零零地独对没有友情的寂寞苍天，干涸的泪腺重新化作失控的情感冷泪流满我的面颊?

## 赏析

人生能有几知己，世间友情最难觅。

于孤寂，困惑的境地，“我”多想重新摇着你的那一方温馨，“我”多想让你转过身来，认真恬读一下“我”的一片真心。

为何让“漠然”冲淡“我们”彼此的友情，为何让“阴雨”笼罩自己抑郁的心头，不要“用那绝情的目光，陌生一般冷冷地盯我”，不要用“一支狠心的箭”“刺伤并且粉碎我这颗脆弱的玻璃”！

转过身来吧，看看我们精心莳弄的友情的花园，挂满了多少晃动不已的花蕾……

# ■ 天堂里有没有车来车往

>> 朱霞芳

**想想那些芬芳的玫瑰花瓣，香气尚未褪尽，人已有了变迁。有时人的感情的长久竟然连花瓣都不及。**

今夜，偶然在电视里听到一首歌，一首让我又想起你的歌。

“九月的天空，依稀晴朗，阳光下许多故事，缓缓酝酿。车来车往，车来车往，十三岁的小姑娘，背着书包去课堂……”泪水慢慢淹没了你的身影。什么都消失了。剩下那深深感人的歌声。

小妹，你好吗？我知道不会有回答，可是小妹，你说过，你要和哥哥一样，上高中考大学，做个有出息的人。十八年前，爸爸将我捡回来，就注定了我们的命运紧紧相连。可是妈妈走了，你也走了。只剩下爸爸、弟弟和我，在徒劳牵挂。小妹，你是不是依然那么爱哭呢？记得小时候你老爱哭，哭起来没完没了。所以我最怕你哭。没想到，你的哭声，竟让我上了高中。

那天，你上气不接下气地跑回家。一进门就哇地哭起来。问了好久，你才抽噎着说：“我玩……玩得高兴，忘记回家……回家做饭了。”原来，你哭，只是因为你回家晚了，只因为你看爸爸一边哄着生病的弟弟，一边忙着烧火做饭。顿时，我一把抓过混在课本中的小说，用手丢进了灶里。

我终于考上了县一中。可是，爸爸工作的煤矿厂却倒闭了。我努力点燃的希望，在这突然而来的暴风雨中熄灭了。当我拿着录取通知书走近柴灶的时候，一双手从背后死死抱住了我：“你不能烧，不能烧掉它啊。”我回过头来——是你！妹妹，是你用含着泪的眼睛望着我，“哥，你不要烧，你吃苦换来的，烧不得啊。我没考上初中，我读不成了，可你考上了。哥，去读高中吧，爸会想办法的……”。

妹妹，我的好妹妹，我的通知书是留下来了。可是我做梦也想不到，你借着做饭的机会，悄悄地把你自己的录取通知书塞进了灶膛。妹妹，要是当时烧掉的是我的通知书，也许你……为什么，许多事情不能按人的意愿发生呢？

那时，正好是校运会。我回家了。你幸福地告诉我，学校免收你的学费，你又可以上学了！妹妹，你知道吗，那时我觉得，天空一下子晴朗了。

那个早上，我站在屋前，看着你背着书包去上学。你快乐得像一只重归山林的小鸟，轻快地跑过马路……我看见你躺在车轮旁边，轻轻地合着眼，熟睡一般。我抱起你，泪水簌簌地落在你微微笑着的脸上。我想开口叫你："妹妹，你累了，哥哥带你回家。等你醒来，哥送你上学去。"可是我已发不出一丝声音了。

夜深了，我抬头望着星空，禁不住一次又一次地问："妹妹，你身在何处？你身在何处呀？在遥远的天堂里，你过得可好？"

妹妹，别哭。让哥哥轻轻唱给你听："车来车往，车来车往，最后你是否看见，天使在飞翔……匆匆你走了，匆匆你走了。那个世界里我要好好学习天天向上……"

## ■赏析

无情的灾难降临于这个充满亲情和爱心的小巢，"妹妹"走了，带着对生活的依恋，带着浅浅的微笑，生命在她那欢蹦的心头倏然停歇了，这到底是为什么？

昔日你坚强而天真的身影仍在"哥哥"的眼前晃动，是你，带给这个家庭无限的温馨；是你，重新点燃起"哥哥"生命之火希望之光！

一首歌。一段情思。两行清泪……

"妹妹"，"在遥远的天堂里，你过得可好？"

# 阳光与风的微笑

>> 李邵平

从湿漉漉的港城醒来，眼睛陌生地打量世界，思绪早已被晚风挽去，那颗骚动的心仍在聆听，聆听昨夜你的呼吸，湿重而深沉。哦，我亲爱的朋友，透过遥远的星空，你收到两行滚滚的热泪了么，男儿的泪总融进了血、落进了另一份孤独。

A

很久很久以前的这个季节，有一些春风不吹的日子。

那时你说，你想去北方听雪，要许久才能归来。于是我将你灌入子夜的洞箫，随蒲公英轻扬，送你远行。可我仍坐在回归线上记忆的小木屋里，每每夜深，抚那支清远的笛，吹一曲真挚的祝福……

多少年了，或许你已熟悉北方雪的温暖，不愿带一片雪花到南方来，因为南方不再有雪，雪花在南方一栽下便凋落。可南方有梅子呀，等梅雨姗姗来迟时，你是否也在思念小木屋里吹笛少年呢?

从湿漉漉的港城醒来，眼睛陌生地打量世界，思绪早已被晚风挽去，那颗骚动的心仍在聆听，聆听昨夜你的呼吸，湿重而深沉。哦，我亲爱的朋友，透过遥远的星空，你收到两行滚滚的热泪了么，男儿的泪总融进了血、落进了另一份孤独。

什么时候，等你也习惯了北风的狂嚣，南方回归线上的小木屋旁，会有一片绿草，正为你准备着阳光与风的微笑……

B

伫立在广场，四周不见一个人，我垂着头，似一尊无言的雕像。

我不知你那天空是否已是深夜，是否也有雨，有这南方少女般柔情的雨与男儿的热泪悄然融合。世界睡着了，远处的高楼也站成一种熟睡的姿势，有风走来，用手拨弄我心头的灯火，忽闪忽灭。

我决意离去，风追随我，雨为我歌唱，记忆音乐般在我浑身流淌，无声的水荡起深深的微笑，如花朵开在唇边，表白远方的我对你默默的情怀。

生活在这城市多年，我已习惯在夜深寻觅往事，追忆真诚，习惯在夜深回首曾经拥有又曾经失落的日子。可你呀，留给我的日记太多太多，我无法一一温习。只将你永恒的笑靥，珍藏在我永不睡去的瞳孔里。

风的记忆雨的记忆心灵的记忆全寄给你，两年多了，如今我仍在雨夜面对北国轻轻吟诵，而你，是否也在灯下，苦苦破译我湿重的密码，尔后画我日渐模糊的头像，在你薄的信笺上……

## ■赏 析

我们都曾经拥有和失落爱的时候，这是不是“潇然雁孤飞”的孤独?

此情此景你会不会涌起“风的记忆，雨的记忆，心灵的记忆”呢?

记忆中的思念，痛苦中的追悔。抬起头，擦干泪，躺倒不如站起。用真诚、热血和汗水，去重铸爱的雕像，去浇灌爱的新绿。

朋友，让我们把昔日的爱悄悄藏起，在阳光和风的微笑中去开创爱的天地，拥抱爱的回归!

# ■雨　季

>> 黑　孩

**与你亲近，你的沉静慢慢使我亲近了一种超自然的安温和寂寞，使我颓丧的心绪得以治愈。因为，你总是将一种感受的实体昭示与我，自然和人生的存在，是人类的幸福和愉快。**

日本的雨滴流下来的时候滑过肌肤，肌肤上会有一种白白凉凉的感觉。因而我常觉日本的夏天像夜的月光，使人产生一种秋的寂寞。

附近的公寓又新添出许多募集住客的广告牌子，一张张地排下去，很像我房间里墙壁挂着的日历簿。日历簿的页码再翻过去几页，该是雨季过去的时候了。恰就是在这个时候，你对我说你将远行几日，你要去的地方远至一个海洋的彼岸。

你说这话的时候，是日本雨季里雨最大的一天。清楚地记着你踩着阳光走进我房门，只是在你说过你要远行以后，一场骤雨就降临了。我所居的小木屋，还有小木屋中的我和你，那时就沐浴在一种灰色里。尤其穿着灰色西装的你，简直就是灰色的一部分，或者就是那灰色所昭示的活的魂。我觉得日本的雨季是从灰色中渗出来的，也是从你的西装上溢出来的。脑袋枕在你灰色的西装上，我将心里灰色的风景告知给你。

或许是雨的寂寥我的弥漫的灰色感染了你，你说：今年日本的雨季好似格外的长，以往的这个时候，日本已经很热了。

你说得恐怕是真实的。

只是我再一次地惊愕你的沉静，于客观存在中触及到一种感觉，并不是每一个人都具有命中的因缘。我短短的一生中，感觉常似梦幻般地泛滥。就是因为是感觉，因而并不真实。很久以前我就发现自己有一种失落的阴暗心理。除却人生无常、虚幻的老生常谈，更是因为我不具有明了自然和人生的超然素质。许多时候，我以自己对自然和人生的感悟中所得到的境界而一味地回归到古已有之的悲哀里。就因为如此，我的病与多数人不同。我的病是一种忧郁，或者是一种无限的缠绵。我总是长时间地处于一种源源不断的灰色的梦的感觉里。

沉静的你与我完全不同。你总是这样沉静。在我这里觉着不得了的事在你那里都是自然应该存在的样子。与你认识这样久，从未见过你大喜大悲，更多的却是常听到你说这样的几句话：是这个样子啊，没有关系啊。你这种十分现实的沉静总是使我一边做春梦一边就清醒过来。我常思忖：你待人接物时自然表露和运用的沉静。你优雅而澄明的心情，该不是那种超自然的经过内心和精神上的苦恼后才可以达到的境界罢。

我不知道你的沉静是否真的是这样一种宗教意味的境界，就好像我不知道对于人生来说，处于不甚明了的徘徊中是否幸福一样。但是，无疑的是，与你亲近，你的沉静慢慢使我亲近了一种超自然的安温和寂寞，使我颓丧的心绪得以治愈。因为，你总是将一种感受的实体昭示与我，自然和人生的存在，是人类的幸福和愉快。肯定万物，视转无常为人的命运。倘若你的沉静当真是一种宗教意味的境界，那么，你或许无意昭示与我的便是你沉静情感的内涵，是很有自然的润泽的。

就是这，我有幸亲近了你的沉静并得以治疗心绪，就好似我本来正徘徊在忧郁中却突然被你吸引驻足，顿觉心情沉静并安稳下来一样。如今，你远行已有多日，倘若在过去，我会为此而寂寞并郁悒。但这一次不同。这一次我觉着你仍在这个城市里，就在我身边，只要我抓起电话，或者伸手触摸，就可听到你的声音抚到你的身体。寂寞不再是四顾无人，而是心中无一个人可以思念。天地万物与生命同存，永存。人，活着，就是在活着，并非在意志的驱使下活着。无常是生命的闪光。

可不可以说，最不安宁的是人的魂。倘若可以这样说，那么，最不安宁的魂的另一种极至便是最彻底的安宁。我现在已经拥有了这样一种极至。这极至就是你。你走后，世界之于我，凝聚为一个人。

仍然是雨。黑暗中大片的灰暗已悄然隐去。我如此发现了自己的心情。想到这心情的发现与你的沉静有关，我从中获得了一种舒畅的慰藉，感受到一种爱的温暖。

在雨季，你是沉静，静静地陪伴着我。

## 赏析

在雨季，“我”曾经是这样一个人：孤寂、抑郁和无限的缠绵。“我”有一种“失落的阴暗心理”，“感觉常似梦幻般地泛滥”。

在雨季，“我”曾经无法摆脱世俗的纠缠，“我”把自己禁锢于那个阴晦的圈子里，“我”“一味地回归到古已有之的悲哀里”，找不到回家的门……

在雨季，“我有幸接受了你的沉静”，你这种“超自然”的境界，“超自然的安温和寂寞”，治愈了我“颓废的心绪”。

呵，“我”看见了，这雨流下来的时候，“有一种白白凉凉的感觉”……

# 有梦的时候

>> 梦　飞

**文学是共有的，但有一些绮丽只属于文学本身，只能远远地观赏，不能投身其中。我还年轻，不知道那到底是什么，但从阅读中我感觉到，那是火、是风、是高山、是大河、是黑暗、是光明、是永恒。**

我10岁的时候，就想写一篇让好多人都夸的文章。

那时候刚开始学习作文。老爸给我买了本专门指导写作的书，里边有很多成语和描写片断，写人写景，写春夏秋冬，分门别类，词句优美。

那时我整日抱着那本书，琅琅的念，想把那些大段的美丽描写都印在脑子里。那本书，许多的孩子都有，等真到了写作文，大家选出的句子惊人的相似，都是挑了作文书中最好的话。

碰到写景的文章，是我最得意的时候。脑子里储存着大堆大堆的漂亮句子，将它们一一罗列出来，堆积在作文本上，可又全然不知所云，却能让自己感动好久——整本书里的好词句都到了我的作文本上。拼命地追求着词藻的绮丽，偏爱那些很华美的字眼。总以为华贵而鲜亮的衣裙是最好的，写作文也理应如此。每次教师批改作文的时候，都用红笔在用得好的词句边画圈，发了作文本，便急着翻看有多少处被老师美化的红圈，然后一味追逐着好看的词句，全然不顾是否有用。

突然有一天，生出极强的逆反心理，开始不学规矩起来，曾经爱不释手的作文书再也不去看一眼，惟恐自己的文章里有别人用过的句子，并且大胆地修改老师的题目。好在教我的老师十分宽容，并不因此而生责备，她对我颇有宠爱之心。洋洋洒洒飞笔而过，甚至看也不看就撒手而去，一副不知天高地厚的派头。

老师们宽容纵容了我一种对文学的偏爱，竟然在物理课的考试上看着窗外绽开的紫色花朵，涂写不着边际的句子，拿着刚刚及格的试卷心安理得地认为：横竖要学文科的，数理化与我何干！

等到真正要决定未来的出路时，却怯懦地不敢迷恋文学。

总觉文学不可以作为一种职业。因为它崇高，所以决不允许贫寒。为文学而做文，有失它的意义，为喜好而做文，难免清苦，我又不忍。

终于知道了自已的性子，一种自由自在不受约束的对文学的喜欢，不愿以此为谋生之本。

文学是共有的，但有一些绮丽只属于文学本身，只能远远地观赏，不能投身其中。我还年轻，不知道那到底是什么，但从阅读中我感觉到，那是火、是风、是高山、是大河、是黑暗、是光明、是永恒。真正属于我们这些文学爱好者的，永远是清丽、淡泊、安安静静。

渐渐长大了，儿时写作的执著并没有放弃。经常在忙碌奔波之后，洗去满身尘埃，于案头亮一盏孤灯，对一页纸，写一些自己的文字。

清理堆积的书本时，发现一些许久以前写的字句，随随便便地留在了顺手牵羊的纸页上。从中可以触摸到我当时的心情，久远而真切，只言片语间留下了一些往事，它却温润着久违了的纯真。

岁月流传，幽幽清灯，雪纸黑字，仍是我不倦的人生写照。

## 赏析

小时候，“我”是梦湖中的一条小鱼，总想腾起洁白美丽的浪花，让旁人夸赞自己。然而，许多小鱼儿腾起了一连串的浪花，“我”找不到属于自己的那一朵。

少年的梦是自由的，总幻想自己是一阵风，用独特的气息吹过花朵，在梦中随意飞扬，不愿被墙壁阻挡。

而今，面对着现实，“我”却又“怯懦地不敢迷恋”文学。总以为它是崇高的，不可以用来谋生，所以甘愿遥遥地欣赏，独守宁静淡泊。

一盏孤灯，一页零纸，是梦想的衣裳，是灵魂的翅膀。

# 我的相思湾

>> 郑时培

分别了不知何时才能相见，萦绕在你我心间的是同样苦涩。白天——有雾一样的惆怅，夜晚——有云一样的思念。

八年前，有个女孩对我说：我很想与你在一起，可我不想让我的父母伤心，你要不是农村来的就好了。那时候，我才恍然觉得我已失去了我的家园。如浮萍，相依的水只是暂且寄身的地方。

我是一个农民的儿子。农民的儿子总是难舍家园。这如风干了的鱼，即使生命早已涸竭。它心中也不会改变对水的向往。如果真有魂灵，那魂灵也只有在水中涅，在水中复生。慢慢的，我的心里有了一条河，那就是我精神的苇河。

岁月熬尽了我所有天真烂漫的幻想。不知怎么，苇河畔那个有古瓦飞檐，那个有天井影壁，那个有青山绿水，那个有沃土奇禽的地方，实实在在的从我心底生长起来，生长成今天美女如云，故事遍地的相思湾。这片美丽的土地，背负着我一生苦难的乡亲。他们的理想，他们的奋争；他们的善良，他们的庸碌；他们的果敢，他们的无私一代代传下来，仿佛连我的脉管里也流动着他们的激情。每逢夜阑人静时，我心里那条静静的苇河就开始流淌，就把我带到相思湾，仿佛很早就熟悉的一些事情便走到我的面前。我原先只是想接近相思湾，谁知她竟有这样的魅力，让我再也离不开她的怀抱。

相思湾盛产莲花。莲花盛开时，清香四溢。也许是莲花熏陶了相思湾人的品性，也许是相思湾人的品性养育了莲花，要不然，想思湾怎么会遍地都是这毫无经济效益的东西？这么些年来，我也没弄懂相思湾的莲花何以那么白、那么丰腴、那么清香、那么长开不衰。这兴许是老天爷对相思湾人最好的褒奖吧。然而，我终也不明白，乡亲们的生活怎会那么艰难。为了生存，竟要付出全部的精神和体力。我没有什么能够给予我苦难的乡亲。我从来也不是能够拯救别人于苦难之中的救星。我只想用我力所能及的方式，让世界了解苇河畔生长着这么些我的苦难的乡亲。但愿老天能赐我以健康和时间，让我循着记忆回到我精神的家园。

感谢那个曾经深爱过我的女孩，是她让我看到了我永远的相思湾。

## 赏析

曾看到如此闻之心恸的别辞："离开了泥土，鲜花就会凋谢；离开了水，鱼儿就会断气；离开了家乡，吉玛（人名）就不能生存。我选择死在自己的山谷里。"

这是一份生命最本原性的依恋。就如：早已干涸的鱼，心中也不会改变对水的向往；不论怎样，"精神的苇河"依旧会绵绵无绝。这是"我的相思湾。"

亲爱的读者，岁月是否熬尽了你我的"精神的苇河"，是否阻断了你我的"相思湾"？

# 记忆是一棵孤独的矮树

>> 阎耀明

世界上并不缺少美，而是缺少发现美的眼睛。

为了使生活不再过于平淡单调，很多时候，我们常常习惯于把目光投向明天，期望着在即将来临的岁月中找寻到让我们为之心动的东西。与此同时，我们却忽略了过去，忽略了那些我们自认为平淡单调的日子。其实，在每一个人的身后，都有一棵孤独的矮树生长着，不管你是否愿意，是否喜欢，它都在默默无语中生长着。树是孤独的，而且很矮，它枝繁叶茂，结满了果子。这些果子与个人的经历有关，它们有大有小，有甜有涩。它们在一个个尘封的日子中无声地摇动，成为矮树须臾不可分离的组成部分。

许多年来，我十分固执地注目于这棵矮树，注目于矮树上那些大大小小的果子。尽管我的朋友不多，更无搓麻甩牌的嗜好，但它们与我的固执无关。我倒愿意理解为由于我的笨拙使我不得不经常回过头来关注我所经历过或看到听到的事情，使自己从中获得某种启示。我一点儿也不怀疑是由于我的这个习惯使我在某一个宁静的夜晚拿起了笔，开始绘制一种叫做小说的东西。我没有读过多少理论方面的书，也没有太多的顾忌，笔尖在纸面上滑动的状态很有些随心所欲的味道，思维像一群候鸟，翅上驮着充满睿智的晶晶闪亮的阳光，在矮树的周围翻飞不止，发出尖锐的令人兴奋不已的声响。于是我看到，在这阳光的照射下，有一些果子日复一日地丰满起来，红润起来。我激动得几乎无法自制，极力使自己稳下来，静下来，用笔将那些丰满红润的果子绘制到纸上，就成了我的小说。

时间久了，在许许多多熟悉或不熟悉的编辑们的关怀下，我的小说开始飞出小屋，飞到读者众多的五颜六色的报刊上，有些还飞到了《小小说选刊》等选刊上，使它们拥有了更多的读者。我很激动，也很开心。但面对“作家”这样一个对我来说原本十分陌生的字眼，我突然有了一种无法拒绝的责任感，丝毫不敢懈怠。与好友的一次相逢，一个小小的事件，夫妻间的一次小小的冲突，一句玩笑，一只小动物，一幅很久以前的风景画，甚至一个眼神，一个动作都得到了我真诚的注目，都在阳光的照射下变得丰满红润起来，成为我的小说。

所以，我十分信奉那句富有哲理的话：世界上并不缺少美，而是缺少发现美的眼睛。

记忆是一棵孤独的矮树，面对这棵矮树，面对矮树上大大小小的果子，我的日子一点儿也不孤独，一点儿也不平淡单调。

## ■赏析

“记忆是一棵孤独的树”，作家在试着拾回一些遗落的东西，提醒着什么。

人的一生：从年少时的浪漫到长大后挤满柴米油盐再到定睛回眸，猛然发现，记忆——那棵孤独的矮树，已枝繁叶茂，结满了果实。于是，随便摘下一个已丰润的果子，便成一篇“精致的小说”。所以，作者成了发现美的载体。

闭上眼睛，静下心灵，原来，心灵的地下室里始终生长着一棵孤独的矮树。

拭目以观吧，这矮树已结满丰腴、晶亮的生命智慧之果。从此，生活不再单调，感情不再平淡。

# 星的故事

>> 张秀亚

**那夜空闪烁迷人的星光，那清晨鸟儿的啭鸣，那雨后大地散发的芬香，如果离开了你，便会一个个失去魅力。**

关上窗子，又打开窗子，她要遨游那星的花园。

寻梦草，

开着星星一样的花。

寻梦草，开花在梦中。

是谁呢，又在低声的向她吟诵着一节小诗，又在向她重述寻梦草的故事?

银河的水涨溢了。她似听到它的浪潮拍岸，如同掠过石头城上的风雨，又似一群试飞的鷓鷀，河畔传来它们的振翅。

是谁教给她：第一次抬起头来，仰望星星?

是谁告诉她，那像是一口口新凿的井，可以汲引出甘美而沁凉的水?

是谁告诉她：那像是山麓人家幸福的灯光，闪烁向对岸迟归的行人?

是谁告诉她：那更像是一点点晶莹的泪，滴着无名的哀愁?

多少年前，她不忘到天边寻找一些最亮的星座，因为，他告诉过她：那是他为她挂起的一盏盏小灯笼，点缀在她的窗子的深蓝帏幔前。他对她说：

“起风的时候，你会看得见那些灯影在颤摇。”

古城的长安街呵，那记忆的证人！春来，那一道静静的长街，正是挂满绿色图片的画廊。在那一排排滴雨的梧桐间穿行着，他对她说：“天上失去了星星是寂寞的。”

她答道：“星星跌落下来，化成离别前夕的眼泪了。”

是的，梧桐的枝叶上，正在点点滴滴的流着，涩苦的清泪。

“那么，我们何不在城根边，多荫凉的地方，栽植一株寻梦草呢，我正好自一个花圃觅来了一株。”

翌年，梧桐的叶子滴着春天的雨点，寻梦草开花了，摇曳在古城墙边，多荫凉的地方。

种植的人都走了，分别走向相隔遥远的地方。

星般的花朵闪烁着，向着沉默的古城墙，向着夜空，向着寂寞的梧桐。

星般的花朵又落了，掉在梧桐下的雨点滴湿的地方，缤纷，散乱，像是一枚小小的贝壳，晶莹，闪亮，散置在夏天寂寞的海岸，贝壳不曾忘记海，海的感情，海的声音。星星般的，寻梦草的花朵，依稀也连同那个变得苍老了的青春的故事。它寂寞的开着，落着，落了的花也飞不到那扇窗子的前面，因为太远，太远。

在一座远方的小城里，一个初秋风起的夜晚，星星变得稀疏了，瑟瑟颤摇着，像是灯笼，像是挂在秋树上的几颗果实。一个女人在窗前，望着疏星，她拍着朦胧思睡的孩子说：

“夜凉了，天晚了，小星星都怕冷回家了，睡吧，孩子！”末了，她也和孩子一同睡着了。

她像是有一个梦，梦见她在学校读书的日子，梦见梧桐树叶上的星，梧桐叶下的雨点，还有那古老的城墙边的寻梦草。

她醒来，星星的花朵印在她的窗帘上。一个声音，使她看见了那失去的日子：

寻梦草，

开着星星一样的花。

寻梦草，开花在梦中。

## 赏 析

寻梦草，星星一样开在谁的梦中？最亮的那一颗，可是多年前他的“灯笼”许诺？

风儿吹乱了“灯影”，吹乱了女人的长发，吹乱了她平静的心灵。星星，真的回家了吗？寻梦草，真的飘飞了吗？不！“涩苦的清泪”带挂在腮边，即“一节小诗”还刻在她的心上。

“仰望星星”，“在一排排滴雨的梧桐间穿行”，曾经是一颗闪烁着的星星，时而暗，时而明。

窗前没有古城墙下的寻梦草的花朵，却有星星将梦照亮。

寻梦草，星星一样开在她的梦中。

# 西藏情结

>> 杨晓敏

**我们的前途，我们的命运，我们的奋斗，我们的追求……一切一切都与您丝丝相连，缕缕相扣。**

凌晨三点，我悄然披衣下床，径自出门。

宣布转业的军区机关干部将乘坐今天的飞机离开拉萨。开往贡嘎机场的班车五点启程。昨晚，前来话别的战友送我一幅西藏地图，说“留个纪念吧”。我躺在床上辗转无眠，一种说不清、道不明的惆怅感，频频袭上心头。

这会儿一踏进秋色溟、天凉气爽的高原夜色里，我顿觉精神一振。营区里空空荡荡，只有几盏路灯发出昏黄的光亮。我走动时，路两旁的白杨树和左旋柳交替显现出斑驳的身影。整个圣城拉萨乃至万里雪域正沉浸在一片安详、静谧的氛围里。偶尔传来的几声犬吠，更令人产生出某种梦幻般的错觉。

军区大院中间，规划出一个占地十几亩大的长方形操场，供阅兵和平时机关人员早操用。操场上缀满一簇簇参差不齐的低矮杂草。我第一次来这里散步时，已惊讶地发现这是个绝妙的好地方。因为站在操场中央，透过围墙外的杨林梢，可以清晰地远眺夕照中的辉煌灿烂的布达拉宫金顶。红墙、窗口、佛光笼罩下拾级而上的喇嘛和游人，恍惚迷离。那随风抖动的经幡，把人的思绪，缥缥缈缈地引入超凡脱尘的境界。

后来我反复验证，欣赏布达拉宫时，近了太一览无余，远则视点模糊，都不如操场中央的距离和视角好。尤其是傍晚时分，它张扬出来的油画效果，便会永远燃烧在你的脑海里。

此刻，我虔诚地盘坐在湿润的草甸上。头上星光闪烁，周围是大大小小高低起伏的远山近峦。我再次凝神仰望布达拉宫雄伟奇崛的轮廓，回顾十四年来，我和战友们在这块叫做世界屋脊的地方挎枪巡逻、跃马驰骋的人生履历，心灵深处涌动起无边无际的大海潮汐。雪山、草原、牧歌；哨所、国旗、界碑，似乎真切地感悟到了一种近乎神圣的启示——你的生命从此与西藏紧密相连。离开的只是你的躯壳，今生今世，你的灵魂都将在雪山莽原间流连……

我早已潸然泪下。在我从草甸上站起来的瞬间，正好有一声嘹亮的鸡啼，催我上路了。这一天是一九八八年九月二十六日。

日月如梭，而今已时隔七年。每当我站在中原省会一幢办公楼的临时住所里，凝目盯住挂在陋室的西藏地图时，便觉得满眼山川河流复活开来，召唤我遨游其中。

## 赏析

“我”凝望着这张西藏地图时，思绪飘到了七年之前那个凌晨。

“我”就要离开生活了十四年的“世界屋脊”了。“挎枪巡逻，跃马驰骋”的日子一去不返了，布达拉宫的喇嘛和经幡将成为回忆。

抬望眼，“高山、草原、牧歌”都让“我”的灵魂流连；回首时，“哨所、国旗、界碑”都是我心灵的依傍。布达拉宫、西藏，甚至这一片“湿润的草甸”，都足以使“我”泪满衣衫。

西藏啊，也许我的足迹已不复重现，然而，“我”却把你的河流山川永远思恋！

# 有话要说

# ■ 相处比相爱重要

>> 刘　墉

要找永久的伴侣，也得多用理智考虑勿被感情蒙蔽！情人的眼光一结婚就会变，变得你自己都不相信：事先要不想到这一点，必招后来的无穷痛苦。

近期《明报周刊》做了一个结婚特辑，刊登了创刊至今其中七十五期《明周》的封面，这七十五个封面都是名人和明星的结婚照片或婚礼盛况。他们其中至少二十一对配偶，今天已经离婚，离婚率达百分之二十八。余下的五十四对之中，其中一对最近传闻离婚，另一对则阖家争家产。二十一对夫妻，早就分道扬镳了，当天的甜蜜，只余回忆。

最近的人口调查报告显示独身的人越来越多。独身不是最终的选择，却是最合理的选择，一个人孤单，总好过两人痛苦。

狄波拉小姐回忆两年前，决定与谢贤分手的那一刻，大家相拥痛哭，她说："原来两夫妻在没有第三者，没有什么大问题发生，就只是相处不来之下分开，会是多么痛苦啊。"

八面玲珑的狄波拉小姐为什么竟会不明白，若因有第三者而分开，只是夫妇其中一方痛苦，那不是最痛苦的。双份的痛苦才更痛苦。

相处不来而分开，还不是大问题吗?

共同生活就是要学习相处，我们认为因为相处不来而分手十分不值，正是我们轻视夫妇相处之道，你当然失去你所轻视的东西。

在婚姻里，相处甚至比相爱更重要。

## ■ 赏析

我们一直以为相爱是最重要的，而往往忽视了相处。似乎夫妻只要相爱着，便可以生生世世守在一起。而事实上，爱并不是生活的全部。

文化性格等方面的差异使双方相处不来，往往导致分手。而这样的分手让人痛苦不堪。因为明知是爱着彼此的，却又不能相守，无疑两个人都痛苦。

我们应当重视“夫妇相守之道”，永留婚礼上的美丽，不再因“相处不来”而分开。

# 生命不是一盒巧克力糖

>> 刘　墉

在乐观中撷取一份坦然，你的面前就会盎然多彩；在悲观中摘下一片沉郁的叶子，只能瓦解你积攒的力量。

你讲个笑话给英国人听，他会笑三次：你讲的时候他笑一次——那是礼貌；你解释那个笑话的时候他第二次笑——那也是礼貌；最后，他半夜三更醒来突然大笑起来，因为他终于懂了笑话的意思。你把同样的一个笑话讲给德国人听，他会笑两次：你讲的时候他笑一次——那是礼貌；你解释那个笑话的时候他第二次笑——那也是礼貌。他不会笑第三次，因为他永远弄不懂笑话的意思。你把同样一个笑话讲给美国人听，他会笑一次——你一讲他就笑了，因为他一听就懂了。可是，你把笑话讲给犹太人听，他根本不笑。他会说："那是老掉牙的笑话了，再说，你都讲错。"（It's an old joke，and besides，you tell it all wrong.）

英国人拘谨，脑筋动得不快，却肯下功夫去想问题。德国人死板，毫无情趣。美国人是白种人之中最灵活的人，也不懒。犹太人最聪明最世故，天生是背着历史包袱的悲剧民族，轻易学有所成。中国人颇像犹太人，谦恭有余，激昂不足，苦中幽默，笑里常见皱纹，该是国运使然。唐诗有"不才明主弃，多病故人疏"一句，有人颠倒窜换一二字为联，送给庸医："不明财主弃，多故病人疏"，大妙！这是黄苗子先生说的。黄先生的《门联》一文还说：四川军阀盘踞时代，川中当局有所谓"善后会议"者，商讨内战后安靖之策，请诗家书家赵尧生参加。尧老开会见拥兵者各为私谋，纷纷不决，戏书一联贴在门外，拂袖而去。联里镶了"善后会议"四个字：

"善"无如之何，"会"放狗屁；

"后"来更不了，"议"个鸡巴。

世间往往教人笑不出来。笔底妙语连珠的老舍，文革时期还是投湖自尽了。又渊博又有文采的沈从文一度给揪到天安门城楼上洗男女厕所。“忍”功真是中国的国粹了：忍着哭，忍着笑，忍着所有逆来的横祸。沈先生背着三十万字的《中国服装史》初稿到咸宁干校，结果被扣下来，丢了。老人家居然有勇气重新写出一本来。《阿甘正传》里说：生命像一盒巧克力糖，你永远不知道盒里乾坤。（Life is like a box of chocolates... You never know what you're gonna get.）不是每一个民族的生命都像一盒漂亮的巧克力糖。幸好沈从文会说：“中国的刺绣，美呀！汉代漆器纹样，美呀！……”

## ■赏析

此文可以说是：灭洋人的威风，长中国人的士气。单说中国人的脑袋瓜子就比那洋人灵，“谦恭有余”，“学有所成”，忍辱负重，“苦中幽默”。

有了这般聪慧的脑瓜儿，还怕不能复兴？一个民族生命的底蕴如此深刻、如此博大，还怕国运不能昌盛？

是的，“不是每一个民族的生命都像一盒漂亮的巧克力糖”，但有一点无庸置疑，那就是：中华民族的生命永远是“一盒漂亮的巧克力糖”！

# 历史就是情史

>> 刘　墉

**回首，已不再是无助心灵的漂泊；回首，也不再是一种失败的表征。**

每个人都有往事，记忆的方法因人而异。

思路清晰、条理分明的人多以年份来记忆，譬如一九七九年发生什么事，一九八三年又发生什么事，如此类推。他们组织往事的手法有点像历史书，他们有自己的大事年表。如果用电影剧本分场的话，是非常清楚有序地写明时间、地点、人物。问他何时大学毕业，何时结婚，第一个孩子何时出生，他们能准确地说出年份。这类人适宜教历史。

第二类人刚好相反，他们的记忆方法以事件为生。往事是由一件一件不同的事件组成。出生、读书、毕业、工作、遇上股灾，损失惨重；公司裁员；离婚、夫妇大打出手，各有损伤；在街上被高空掷物扔中，住院七天；当选杰出青年，行路上广州，飞越长城等等。他们没有年表，只有大事。这类人若非生活得多姿多彩，便是十分坎坷，曲折过人。

最感性是这一类人——他们以情史来记忆往事，以人为本，时间和事件都不重要。十七岁时爱上代课老师，十八岁失身，二十岁时遇上一生最爱的女人，二十五岁时爱上别人的朋友，继而爱上别人的妻子，后来分手，结婚前夕偷情。他们的历史就是情史，所谓往事就是有多少女人跟他有过一手。

若一个男人如此回首前尘，女人便要提防，因为他肯定是个多情的人。

## 赏析

**芸芸众生，世态炎凉。生活于这样一个驳杂，纷繁的圈子里，你难**

免会接触各色各样的人，他们各有各的活法，各有各的生活套路。有“以年分来记忆”的，有以“事件”来记忆的，有以官位升迁来记忆的，亦有“以情史来记忆”的……等等，等等。不管人家如何关注自己的生存方式，这都是人家自己的事情，咱没法管，也管不了。

但我要给诸位提个醒：千万不要接触那些所谓的“以人为本”来记忆自己“情史”的人，掉进了他们的陷阱，你就又会成为人家挂在嘴边的“记忆”！

# 流　言

>> 汪国真

把心系于远方，把目光投向海洋，不斤斤计较一事一日之真伪与短长，我们应该有十年之后再笑流言的气度。

人的一种可悲在于：受到别人流言伤害的人，有时又是听信和传播流言去伤害别人的人。

你是无辜的，又是有罪的。

不必向人过多表示你是多么不在乎流言，多做这种表示，恰恰说明在乎。还是忙那些自己该忙的事吧。当你已经忙得没有工夫和人谈论你在乎不在乎了，你才真是不在乎了呢。

流言可以杀死阮玲玉，却杀不死鲁迅，这说明流言是可怕的，也是无奈的。

倘若自己的意志如磐石，对流言的鞭子又何惧之有？

你告诉了我一位名人的传闻，问我那是真的吗？

我说，你说的这些传闻，只有当事者才可能知道。而这样的事他又不可能披露给别人，你说这是真的吗？

古人说："流刃止于瓯臾，流言止于智者。"这话没错。不过，这样的智者必是坦诚的。否则，心地偏狭的"智者"制造和传播出的流言，怕是还会高人一筹，传之更远。

杀人有罪。流言的卑鄙在于：它也可以杀人，却又难以捉到凶手。

流言之所以起作用，是因为生活中有许多听信谗言的奥赛罗式的人物。如果我们不做奥赛罗，流言的作用就很有限了。

你可以找到一个流言较少的环境，却难以找到一个不存在任何流言的环境。因此，有时想法改变一下环境是必要的，但更主要的是适应环境。适者生存。

把心系于远方，把目光投向海洋，不斤斤计较一事一日之真伪与短长，我们应该有十年之后再笑流言的气度。

为流言所烦恼，恰是散布流言者所希望的。让我们的心里和眼里，只充满大地的无限和海洋的浩荡。

## 赏析

流言是无形的刀剑，可以杀死许多人。它挫败人们的信心，使人烦恼苦闷，迫使人们改变人生的方向沦为平庸之辈。

其实，我们完全可以不去在乎流言。因为别人散布它的目的是为了伤害我们。当我们依旧好好的生活着时，“流言的作用就很有限了”。“适应环境”，“不斤斤计较一事一日之真伪与短长”，“忙那些自己该记忆的事”，流言自会慢慢消失。

“让我们的心里和眼里，只充满大地的无限和海洋的浩荡”；让我们的意志坚如磐石，傲视流言的力量。

# 名 牌

>> 朱敏

造名牌、认名牌、使名牌也成了越来越多人的共识。

写文章时署什么名，对作者来说是个有意思的问题。文章的署名有两种可能：一是行不更名，坐不改姓，户口簿上什么样，文章标题下面就什么样；二是攒一个富涵寓意的化名——笔名，贾语村言，真事隐去。

自然只有从事写作活动的人才有使用笔名的必要，否则你在本名后面再缀一堆名字又有什么实际意义？不比到银行取存款，存单丢了或被疑家庭财产不明时，使用化名的利弊那样昭然。文章的署名，更多时候是给作者带来乐趣的。从这个角度想开去，能够拥有一个至多个笔名，也是表明其人在拥有许多人尚没有的一种特权和自由呢。不信以一个非舞文弄墨之人为例，如果他在名片的本名后面画个括弧，再填个笔名，不贻笑大方才怪。

大多数作者是愿意用本名或者用相对固定的一个笔名的。一旦文章有了影响，上了档次，那么文章下面的署名也就渐渐成名牌了。又因为每一个名牌都会给作者带来方方面面相应的效益，所以每一个作者在营造名牌时费一点儿神思也值。

曾经有朋友知道我准备以文为生的时候对我说：你能不能写好文章先放在一边，只看你老用阿三阿四什么的做笔名就没出息，哪会有好销路？你至少也得打出个像“雪米莉”那样引人瞩目的招牌，信不信由你，别看“雪米莉”是几个无须无髭的，据说却能引来许多有须有髭的望着“雪米莉”三字想入非非，愿做护花使者呢——还能不买“雪米莉”的书？

这就是署名所产生的魅力，是作者第一位的成功，他说。

想一想也是。写作在今天越发成了一件有趣的事情了，商品意识渗透到了写作的前期行为中，浓厚的经营和包装的气氛形成了一个又一个新的文学现象。在这整个的经营活动中，虽然署名事微，但它是首当其冲映入读者眼帘并诱发读者如飞联想，故此真的不可小觑哩。

造名牌、认名牌、使名牌也成了越来越多人的共识。

但是名牌即使是造出来了，也不好总做惯常使用。当所作之文可能会惹麻烦了，当功利在前，放了个“臭子”或马失前蹄了，当江郎之才已尽，衰势已现了，当名牌也挡不住、唬不走这些烦恼的时候，一般人可能会断想：扛着名牌的人定会是一番无趣吧?

其实也用不着在乎的，只需有名家的招牌，不管是扯咸还是扯淡，总之货总比无名小子销得顺利。信乎?

## 赏析

“造名牌”已成为一种时尚，舞文弄墨的人写作之前亦要先琢磨着用一个让人眼前一亮的名儿，使它成为名牌，为自己“带来方方面面相应的效益”。

署名事虽小，在商业经营与包装中的作用却不可小觑。它“首当其冲映入读者眼帘”，“诱发读者如飞联想”，帮助打开销路。成为名牌后，作用也将更大。因为“认名牌使名牌”也是时尚。

及至作者才尽，所写文章不再有水平，名牌威力必将更大——“货总比无名小子销得顺利”。

这就是名牌效应。

# 醉酒亦难

>> 尹正茂

我们在探索中进行着伟大的壮举，而这壮举不仅需要无畏的勇气和魅力，还需要智慧和胆量。

醉酒，是我从前的常事。那时候很容易跌进酒缸，喝得烂醉。好朋友聚在一处，不喝则已，一喝就是酩酊大醉，醉了就骂人，就翻桌子。还可能迷失了方向找不到家，还可能在马路边的长椅上睡个通宵。当然，也会随处小便，随处呕吐肚里的秽物。那时候真是易醉、常醉，因为我固执己见，以为只有喝醉才够劲儿，才够味儿，才像个男子汉。

醉酒，也是那时候父母兄妹朋友劝诫我最多的事。每每醉酒，他们都用异样的眼光看我，说我给他们也给自己掉身价，说我迟早会因为酒而误了前程。但是，我一如既往地醉酒，醉了酒仍然是胡说胡打胡吐胡睡，关心我的人看透我不可救药了，便感叹我永远也长不大，真怪我没一点大人样儿。

醉酒，在我意识到自己是个大人的时候，在我走出校门参加工作之后，真的不多了。我很少醉酒，我怕醉酒后说了人家不爱听的话，我更担心一个字的差错冒犯威严的领导。我不敢在酒桌上求个痛快，即使有许多朋友千般劝酒，我还是不敢多饮。我不想让心里的真话实话跑出来，我甚至还学会了装醉，说些不痛不痒口是心非的话，我明白忠言逆耳利于行，但人们似乎都喜欢听顺耳的好话——我在酒这个问题上越来越他妈的油滑俗气虚伪，而父母却说我真的像个大人了，同学也说我越来越成熟了。

唉，我有时就扪心自问：这就是我的成熟？

醉酒当然不好，但我经常怀念昔日的心醉的那种醉酒——大家在酒桌上无所顾忌，开怀畅饮，从爱情到学习，从现实到理想，大家直言不讳朋友的不足，怒斥社会的不合理现象，盛赞友谊和未来。在沉醉酣畅的氛围里，大家畅所欲言、襟怀坦白、光明磊落。在这热闹的酒桌边，你可以听到真诚的劝告、友情的呼唤，你会千杯恨少，为芳醇的美酒叫好——这是何等美妙的人生感受！

在这欲醉不能的时刻，我便为迷失了真实的自己和这份可怜的成熟暗自悲哀。当一个人懂得了不可轻易醉酒的道理的时候，醉酒的感觉就不再容易寻找了。因为，茫茫人海中的真情就好像茫茫沙漠中的金沙一样稀罕宝贵，我们每个人都渴望着这份真，真又是那般难以寻觅——烂醉如泥多见，酒逢知己千杯少，以理性和真诚作杯盏的那种沉醉难求。

## ■赏析

以前“我”常常醉酒，因为喜欢那份豪放。醉后的狂态让亲友对“我”不满，每每嗔怪“我”。后来，真的“很少醉酒了”。“我”怕自己“酒后吐真言”，会冒犯了别人；怕露出真正的“我”让人嫌怨。“我”痛心于自己的虚伪，但亲友们却夸赞“我”成熟。

醉酒是无拘无束的。“我”可以畅所欲言，指出朋友的不足，也可以痛心疾首地作一番自省。也许有一点轻狂，有一点鲁莽，但更多的却是真诚是热情，是充实的人生。

而今，“我迷失了真实的自己”，拥有了“可怜的成熟”，失去了宝贵的真情，醉酒亦难。

怀念醉酒，在欲醉不能的时候。

# 居安思危

>> 赵家新

身在顺境，面对成绩，应居安思危。当你知道会有暴风雨的袭击，会飞翔得更矫健；当你知道浪峰前一定会有浪谷，你会搏击得更勇敢；当你知道生命之水有限，你会有更周密的打算。

如果你是雄鹰，在万里晴空中翱翔，你可曾想到那难以预料的风暴会打湿你的翅膀？如果你是弄潮儿，在狂风巨浪中搏击，你是否想到你站立的潮头前可能会肴漩涡？如果你是开拓者，引着驼队去远行，你想过没有，你的生命之水会有用竭的时候？

朋友，因为你是炎黄子孙，血脉里激荡着黄河的涛声，所以你不会退缩；因为你是华夏青年，躯体中有长城的筋骨，所以你不会屈服。但是，绝不要作盲目乐观。

当你历数祖国悠久历史，灿烂文化的时候，请别忘了祖国百业尚需待兴。她有辽阔美丽的山河，富饶的物产，也有逐渐增长的世界五分之一的稠密人口；她有崛起的现代化工业，也还有手工操作的作坊；当现代科技把我们带入信息、电子时代，别忘了寺庙里还缭绕着朝拜的烟雾；改革大潮汹涌的今天，许多人头脑中还固守着大大小小的框框圈圈……这都是值得沉思的呀！

朋友，身在顺境，面对成绩，应居安思危。当你知道会有暴风雨的袭击，要飞翔得更矫健；当你知道浪峰前一定会有浪谷，你要搏击得更勇敢；当你知道生命之水有限，你要有更周密的打算。

知道了母亲的贫穷，你要更爱母亲；知道了母亲的艰难，你要为母亲分忧。知道了祖国的腾飞需要改革，而改革绝不轻松，你更要一往无前。

## ■赏析

“你是炎黄子孙，所以你不会退缩”；“你是华夏青年，所以你不会屈服”。然而，居安宜思危。晴空里也有暴风雨的袭击，潮头前也有漩涡在等你。我们伟大的祖国亦潜藏着危机。你要做好足够的准备和“周密的打算”，千万不要盲目乐观。

居安思危，才能不让风雨打湿翅膀，不让漩涡卷入海洋，不在改革中迷失正确的方向。一个人只有看到了自己的缺点，才会有所改变。一个国家只有看到了差距，才会向前发展。

不要回避祖国的贫穷与艰难，不怕困苦，努力拼搏，大步向前，让母亲常有灿烂的笑颜！

# ■踹自己一脚

>>王　子

*应该感谢生活中那许多走在自己前边的人，是他们常常刺激我们踹自己几脚，使你追我赶的人生充满乐趣。*

一个男子汉，看别人比自己出色，要说不妒忌、不眼红，那是假话。关键是眼红之后怎么办？优秀的男人眼红之后会生气地踹自己一脚，多跑几步赶上前边那位。恶劣的男人会在眼红之后用计踹前边那位一脚，让他受伤后走不动落在后面，然后再恶语相伤。

这个世界上，有很多坏男人，所以便产生无数坑害人、陷害人的悲剧。而这一幕幕悲剧中最后的失败者往往是制造悲剧的那个人。你深思熟虑踹前面那位一脚，你成功了，人家倒下了。你还未来得及休息，发现前边还有人，第二个，第三个……终于，你精疲力竭，或是你自己气急败坏，或是偶失前蹄，被众人发现，你便成了抬不起头的小人。

其实，要是想开了，何必把聪明才智用到想方设法踹别人一脚上呢？要是把那份才智用到自己身上，妒忌时踹自己一脚，发奋努力，赶上前面那位，也不是件太困难的事。我曾劝导过一个踹别人踹露了馅的同事，他于落魄之时接受了我的劝告，狠踹了自己几脚，从此发奋努力，几年下来，已成为小有名气的专栏作者。近日，当我们一起喝酒时，他千恩万谢我的“踹自己一脚”理论，并要我将此专利无私奉献给大众。

其实，人妒忌时、眼红时想踹一脚是人之常情，可这“踹”的对象——我踹谁——可一定得选对。所有有出息的人一定是踹自己几脚而决不会去踹别人的。我没有出息得出人头地，可和过去的自己比出息很大，这就足矣。前几日去兴城采访，顺便拜访十几年前我下级时的老同学宏，言谈中她得知我现在会写点文章，还能发表在国内著名报刊上，真不亚于哥伦布发现新大陆一样惊奇。因为上学时，我的作文成绩永远排在她后边，且常文理不通，语言无味。当时我就眼红、妒忌，使劲踹自己几脚，暗暗开始大量阅读名著并练习写作。没想到，后来我竟偏爱上了文学，并当上了省报的编辑。这成绩可真该是“有我的一半也有她的一半”。感谢她在我前面行走，我才发狠踹自己几脚去撵上她。

其实，应该感谢生活中那许多走在自己前边的人，是他们常常刺激我们踹自己几脚，使你追我赶的人生充满乐趣。

## 赏析

人都有妒忌心，看到比自己出色的人时总想“踹一脚”。有些人选择了踹别人。成功了，他沾沾自喜，但这是不光彩的，而且往往会毁在自己手里；失败了，自然会折个大跟头。

仔细想想，踹别人不如踹自己。踹去龌龊的念头，踹去侥幸的心理，踹出上进的信心，踹出成功的希冀。

眼红时，“狠踹自己几脚”，奔跑着撵上并超过原来在自己前面的人。只有这样，你才能成为崭新的你，才能真正出人头地。

# ■ 击败过错

>> 艾明波

人生是一次壮丽的出海，一次艰难的跋涉。当你怀着无数渴望与幻想打开世界之门，高举起生命的旗帜走向生活，你断不知道你前面哪里是礁石哪里是沟壑。当汹涌的风浪把你雕塑成岩石，并扑向你沉重而倔强的思索，你会顿然领悟，什么是成功什么是过错。

人生是一次壮丽的出海，一次艰难的跋涉。当你怀着无数渴望与幻想打开世界之门，高举起生命的旗帜走向生活，你断不知道你前面哪里是礁石哪里是沟壑。当汹涌的风浪把你雕塑成岩石，并扑向你沉重而倔强的思索，你便顿然领悟，什么是成功什么是过错。于是，你凭着一种博大的情怀，对过去进行一次庄严的反思，对未来进行一次新的开拓。

我们曾面对成功，让激动的泪水洗尽我们脸上的悲哀，我们曾面对过错，长久长久地背负着山石一样的沉默。痛悔和思过仅仅是昨天的一个短短的小结，而我们却用凝固的时间换取了长久的谴责，恰恰忘记了我们为错过太阳而流泪的时候，也将错过了那如梦如银的星月。

在这个世界上没有谁把你的一切安排得妥妥贴贴，只有自己凭着理性和感觉对外界做出判断和选择。因此，你难免要有失误，难免要经受挫折。灾难并不可怕，关键是你能否冷静地审视并拯救自己，让困惑在重新得到的勇气里获得解脱。

面对过错消极地沉湎于烦恼和悔恨之中，代价实在是付出得太多，那是对生命的一种最刻毒的挥霍。悲哀已无法弥补以往的漏洞，痛苦已抹不掉那许多许久的失落。面对灾祸你只能选择你人生最艰难的出口：击败过错！从教训中得来铭心刻骨的启迪，然后勇敢地站起来，对困境来一次最庄严的突破。

茫茫宇宙，繁杂的世界，充满迷离，充满疑惑。只要你把握你的每一时刻，只要你勇于战胜自我，那么你一定会击败过错，走向一个崭新的多彩的立体生活。

## ■赏析

“人生是一次壮丽的出海”刚开始时，人们总是对未来充满美好的幻想，渴望获得成功，然而，“人生是一次艰难的跋涉”“难免要有失败，难免要经受挫折。”

面对成功，人们总是激动不已，沉浸于自我陶醉之中。而当面对失败，很多人却又总是选择沉默，选择长久的心灵谴责。

其实“灾难并不可怕”；其实“过错并不是不可击败”。冷静地审视、拯救自己吧！不要甘做失败的俘虏，战胜自我，勇敢地去“击败过错”吧！错过了太阳，难道还要错过月亮？

“不经历风雨，怎么能见彩虹？没有人能够随随便便成功！”

# ■ 打开自家的宝藏

>> 他　他

**找到了你的宝藏，然后再去锻炼、实践、努力，把蒙罩在珠宝上的灰尘拭去，让它发光，让它闪亮，让世人都发现你独到的美丽和独有的光芒，你就已经打开了你自家的宝藏。**

很多的时候都是这样：人们往往赞不绝口地夸奖别人的优点、长处和已经取得的种种成绩，却忘记了自身也具备着许多优秀的品质，自己也可以像别人一样，也可以拥有一份令人艳羡的荣誉。

所以，你必须学会打开自家的宝藏，发挥自己的特长，把自己的伟大之处也摆放到人生的桌案上。

人和人都不是绝对的一样，每一个人都有其自己的特色，每一个人都有其独特的魅力，有的人歌唱得好，有的人舞跳得好，有的人乐器演奏得好……每一个人都有一个宝藏，完全可以挖掘下去，使自己的手艺变成闪光的金子。

有很多人也发现了自家的确存在着宝藏，但是，由于怯懦和自卑，却不敢去开采，结果宝藏慢慢地就被时光的灰尘掩埋了，以至于被压得越来越深，最后看不见一点光彩。

你为什么不去想一想：别人的宝藏并不见得比你多，可是，别人却都成功了，你又有什么不能的呢？

也有很多人，只顾着去欣赏别人，忘记了发现和挖掘自家的宝藏，结果，平庸了一生，没有任何一丝出色的地方。其实，你的宝藏并不见得有多么难以衡量，开车不如他，跑步总在行吧？朗诵不如他，演讲他不是很孬吗？总而言之，你一定会有一方面是出类拔萃的，或者这方面你现在还没有出类拔萃，但是将来总有一天会出色发挥的。

这方面就是你自家的宝藏。

找到了你的宝藏，然后再去锻炼、实践、努力，把蒙罩在珠宝上的灰尘拭去，让它发光，让它闪亮，让世人都发现你独到的美丽和独有的光芒，你就已经打开了你自家的宝藏。

## 赏析

“每个人都拥有一个宝藏”。有的人将它“摆放到人生的桌案上”，获取了艳羡和欣赏；有的人不重视开发，终于让它被“时光的灰尘”埋葬。

其实，平庸的人也有一份宝藏，只是没有让它发光，才总是“没有一丝出色的地方”。所以，要“学会打开自家的宝藏”，将自身的优秀品质表现出来，发挥自己的特长，放射出“独有的光芒”！

不要担心你的宝藏得不到世人的欣赏，要知道，它是独一无二的，正如你在这个世界上不同于任何人一样。打开宝藏，展示封存的自我吧，你也可以辉煌！

# 不要祈求太多

>> 他　他

不要祈求太多，太多了，生命就会显得过于沉重，你也就会感到你的人生因缺少遗憾而懒于去追求；不要祈求太多，太多了，人生就会显得过于臃肿，你就会感到你所拥有的一切都是负累，因无法带得动而终生不能轻松。

每个人都有失望和不满的时候，不是你的希望没有实现，就是他的欲望没有满足。每当这时，我们不是怨天尤人，便是破罐子破摔，却很少会坐下来，仔细地想一想，我们为什么一定要有不满和失望。

活着，我们不要祈求太多。

我们来到这世上时，本来就是赤条条的，一无所有，是上苍赋予了我们生命、亲友以及思想和财物等等，上苍待我们何厚？使人们拥有了这么多，又占据了这么多。可是，我们却从来也没有满足过，依然地祈求着上苍为我们降下更多的甘霖。

然而，生命不可能也不会按照我们的需求来十足的供应我们，于是，我们便失望了，我们便不满了。

世界对于每一个活生生的人来说，都是公平无二的，有耕耘才会有收获，有奋斗才有成功，有付出才有得到。你想花一分的代价，去换回十分的成果，那是永远也不可能的。

所以，我们永远都不应该祈求这世界平白无故地就给我们太多。

生命在于奋斗，人生在于积累。不要祈求太多，只有一点点就已经足够了。每天一点点，每月一点点，每年一点点，几年下来，我们就已经得到了很多很多，那么，一辈子下来，我们不就已经变成了一个拥有整个世界的大富翁了吗?

不要祈求太多，太多了，生命就会显得过于沉重，你也就会感到你的人生因缺少遗憾而懒于去追求；不要祈求太多，太多了，人生就会显得过于臃肿，你就会感到你所拥有的一切都是负累，因无法带得动而终生不能轻松。

任何奢望都是不应该有的，天上不会掉馅饼，地上也不会长钞票。实实在在地做事，实实在在地做人，实实在在地对待每一时日，你才会拥有一份实实在在的成功。

## 赏析

“生前只恨聚无多，待到多时眼闭了。”由此看来：多即好，好即了。

活在世上，私欲永远不会得到满足。祈求太多，会给你带来无尽的痛苦和烦恼；祈求太多，会让你不择手段，坑蒙拐骗，心肠如蛇蝎；祈求太多，会让你丧失人性，成为鬼魔……

有耕耘才会有收获，有奋斗才会结硕果。

天上不会掉馅饼，地上不会长元宝。踏踏实实做人，勤勤恳恳工作，这才是人生的信条人生的写照。

要使人生无悔，就要牢记《红楼梦》中的《好了歌》。

# 走向远方

>> 潘龙根

我们应当说自己心想的真话，走自己心选的正路，唱着自己心爱的好歌，走出梦中的小屋，走向理想的远方……

A

人人都渴望成功的甜蜜，却并非人人都愿意流出咸成的汗滴。

苦读一流的好书，悄做真诚的好人，细行实在的好事，欢度平凡的日子。

先读万卷书，后行万里路。

B

缤纷的世界上，真的就是这样——不是所有的花，都开在美丽的春天；不是所有的果，都结在金色的秋季；不是所有的歌，都唱在温馨的时刻。

说出来就是话，走出来就是路，唱出来就是歌。

我们应当说自己心想的真话，走自己心选的正路，唱着自己心爱的好歌，走出梦中的小屋，走向理想的远方……

C

风风雨雨，明智的我们都不在乎；坎坎坷坷，真心的我们携手走过。

就这样总是朝着远方——我们走呵，走呵，不怕风雨霜雪，不分春秋冬夏。

## 赏析

请让好书填补你的空虚和肤浅，请用希望击碎悲观和迷惘。而后，走上你所盼望的路，踏下理智与清醒，真诚与善良。

也许会有荆棘将你刺伤，也许会有乱石阻挡。然而，你的话语铮铮作响，你的足迹洒满阳光，你的歌唱无比嘹亮。没有什么可以埋葬信心，没有什么可以摧毁刚强。

成功就在远方，美景就在远方……选择了远方，选择了梦想，泼洒辛勤的汗水，写下光辉的诗行，不顾风雨阻挡，不顾坎坷沧桑。你是生活的强者，高傲地展翅飞翔在湛蓝的天空里。

远方——我们的希冀，我们的向往……

# 让我们荡起双桨

>> 吕　林

生命之舟，航行在生活的海洋上，必须靠两只桨。一只是知识；一只是理想。知识，是小船的动力；理想，是小船的方向。

“让我们荡起双桨，小船儿推开波浪……”这首歌，无论是过去还是现在，我都最爱唱！

——因为它含义深刻，唱出了人生哲理；

——因为它形象生动，给人以鼓舞与力量。

人有两只手，鸟儿有两只翅膀。生命之舟，航行在生活的海洋上，必须靠两只桨。

我们的两只桨，是特殊材料制成：一只是知识；一只是理想。知识，是小船的动力；理想，是小船的方向。

我们划动这两只桨，小船就像箭一样，穿波峰越浪谷，驶向胜利的彼岸，领略人生无限壮美的风光！

怎奈，千帆竞发、万舸争流的海面，也有令人痛心的境况。

有的人，手中根本就没有桨。两手空空，无能为力，他们只能闭上眼睛躲进船舱，自我安慰：漂吧，漂吧，或许能漂到彼岸……结果，小船不是搁浅、触礁，就是被大海埋葬！

也有的人，小船刚刚起航，手中就剩下了一只桨。尽管他很卖力，拼命地划呀，划呀，可小船只是画着圆圈，久久地在漩涡中漂荡……

年轻的朋友，你如何驾驶自己生命的小舟？你是否准备好了划船的双桨？准备好了，应该让桨的质地更好；没准备好，要抓紧青春的时光，去锻造自己的双桨。又红又专，德才兼备，这是做人的脊梁，这是祖国和人民对我们的期望。

年轻的朋友，小船已经启航，快，让我们荡起双桨！

## 赏析

“生命之舟，航行在生活的海洋上”，必须靠着知识和理想两只桨，才能有前进的力量，掌握好前行的方向……

然而，有一些人根本没有桨。他们躲在船舱中，任生命船随波而动，幻想能够漂到远方。这种人往往会被海洋埋葬，难以腾起一朵小小的白浪。

只有知识而没有理想，生命之舟只能在起点来回动荡；只有理想而没有知识，生命之舟会跌入迷惘之洋。

有了两只质地极好的桨，生命之舟才能乘风破浪，感受生命的真谛，驶向风景秀美的前方……

# 伸出美丽

>> 王书春

人应该看重自己的身体，正如树不能没有根一样。人生时刻应该保持身体，有一个健康的体魄，潇洒的风度，美丽的容颜。但不应只满足于有一个好身体，正如树不能满足于只有根一样。一棵优秀的树会长出枝、叶、花，给世界以美丽；一个优秀的人也会在身体之外显示出他的美丽——智慧、勇气、才学、良好的道德品质和人格修养。要想具有这份美丽，必须刻苦学习，修炼品德，以增强勇气和智慧。

几乎所有的树根花根都不美丽，但许多长出地面的枝、叶、花却是美丽的。它们靠那并不美丽还有些丑陋的根吸收养分和水分来长出一份美丽来，世上才会有牡丹的国色天香、荷花的清洁高雅、兰花的幽香怡人、梅花的傲雪红艳……才有了美丽来装饰、美化这个世界。

每个人也似一棵树一株花。身体就像根一样，它的作用并不是为了展示美丽是为了创造美。很少有人因长得美丽而受人尊重，而恰恰是因为身体之外的某些能力和成就才唤起人们的尊重与爱慕。梵高长得奇丑无比，还缺少了一只耳朵，可他却被世人所崇敬，因为在他身体之外生长着一种美丽——他超天才的绘画作品；球王贝利也谈不上英俊潇洒，可他让整整一代球迷着迷并成为众多球迷的偶像，因为在他身体之外也生长着一种美丽——他绿茵场上无与伦比的球技和良好的体育风范……

作为一个人，你身体之外总会长出点什么。你可以长出美丽——那是善良、聪明、勇敢、学识、能力；你可以长出丑陋——那是邪恶、愚钝、怯弱、无知、低能。而这一切都与你身体无关，是你身体之外的一些东西在起作用。

去过杭州西湖的人，大概都拜过岳飞，唾过秦桧。可历史上的岳飞并不见得长得多么英俊，秦桧也并不见得长得多么丑陋，人们对他们的爱与憎缘于他们身体之外的做人的善行与恶行。许多人身体残疾却受人尊重，像美国盲人作家海伦·凯勒，从小失明却写出让无数明眼人向往的《假如给我三天光明》，那是她残疾的身体伸出的美丽让人感动。许多人身体健康长得美丽却让人唾弃，像许多卖淫女长得漂亮却因出卖肉体而让人恶心，那是她们美丽的身体长出了丑陋。

人应该看重自己的身体，正如树不能没有根一样。人生时刻应该保持身体，有一个健康的体魄，潇洒的风度，美丽的容颜。但不应只满足于有一个好身体，正如树不能满足于只有根一样。一棵优秀的树会长出枝、叶、花，给世界以美丽；一个优秀的人也会在身体之外显示出他的美丽——智慧、勇气、才学、良好的道德品质和人格修养。要想具有这份美丽，必须刻苦学习，修炼品德，以增强勇气和智慧。具备了这些条件，还应该有胆量显露出来，像树一样伸出美丽来。

人人都伸出美丽，世界才会是美丽的世界。

## 赏析

树根花根并不美丽，却伸出了美丽的枝、叶、花。人的身体不是为了自己的美而存在，为的是创造体外的美丽。

外表美丽的人，伸出的不一定是美丽，也许会是“邪恶、愚钝、怯弱、无知、低能”，只能让他人鄙弃；外表平凡的人，也可以伸出美丽——“善良、聪明、勇敢、学识、能力”，他们会被人们尊敬和爱慕。

“人应该看重自己的身体”，“但不能只满足于有一个好身体”。伸出美丽，才真正实现了自己的人生价值，同时也让世界变得无比美丽。

# ■男人的温柔

>> 王澄波

男子汉的标志并不是吹胡子瞪眼，伸胳膊动腿，当着女友的面耍威风。这种男人，除了将自己的浅薄暴露无疑，再也找不出丁点让人可以看重的地方。

许久以来，我都为自己“阳气”不足而苦恼。不是因为体质孱弱，男人的力量不只是表现在外貌的强悍上的。而是性情太柔，横竖觉得自己不像不少女性崇拜的高仓健那么冷峻、坚毅、深沉……在生活中，人们总是自觉不自觉地乐意被异性崇拜的，这对我却是件很不自在很伤自尊心的事。

于是，这种自卑感，就像厚厚的云翳笼罩在心头。见了姑娘，便像偷了人家什么似的，面红耳赤，任凭思想龟缩于内心一隅。

一日，一位从小一起一块看着长大的同学对我说：“我以一个女人的感觉告诉你，你其实是很讨姑娘喜欢的，因为你细腻、重感情，还很温柔。而几乎没有女人不需要温柔情感的庇护的，你完全没必要让沮丧的情绪封闭自己的真实世界。”面对来自童年好友的评价，我顿觉自己也是一身男子汉味了，原来，我对男子汉的理解竟那么肤浅。

男子汉的标志并不是吹胡子瞪眼，伸胳膊动腿，当着女友的面要威风。这种男人，除了将自己的浅薄暴露无疑，再也找不出丁点儿让人可以看重的地方。细细想来，我还真是不讨女人嫌。这其中除了我品格的清正、谈吐的幽默、思想的机智透辟以外，是不是更赖于我果真很温柔，能悉查女人的情感，并善于在适合时机，有分寸地给她们以体谅和关怀呢？除了男人圈子，我还有许多可以诚相对的女朋友，从前，我怎么就没想到，温柔不仅不是男人的缺点，而恰恰是构成男人魅力的一部分呢？

在一个黄昏，一个姑娘表示要与我同行。后来，她告诉我：“促使我要跟你，缘于很小一件事。那个冬天你到码头送我，天很冷，你为我扣上大衣的扣子，裹紧了围巾。也许你没想到，当时，我心中充满了温柔。从此我心中再也割舍不下你了。你不懂，我们女人需要温柔，就像动物呼吸需要空气一样。"

哦，温柔原来竟有如此的魔力。我的家庭生活一直充满着激情和温柔，不论生活遇到什么样的困难，都不能暗淡我们夫妇心头永远漾溢着的和美温馨氛围。很多男人在与姑娘恋爱时，表现出十足的温柔，而一旦结婚，就不再刻意对身边的妻子投注温柔，引发出许多家庭的苦恼，这是多么大的错误。令我深有体会的是，男人真正的温柔是置于内心的深刻思想，而不是在某一刻去挑逗女伴的伎俩。有了它，你在卧室外也能表现出温柔、热心和亲近的情感，那些无所谓的龃龉，就会化为乌有，幸福家庭的大厦也由此牢筑。

## 赏析

作为一个男子汉，你也许以为冷峻深沉才能博取芳心，所以总是扮出"高仓健"的模样。殊不知，许多女人却喜欢被呵护被宠爱。一份看似不经意的关怀，便可以让她心潮澎湃，认定你值得她去爱。

温柔是男人魅力中重要的一部分，千万不要轻易抛开。当然，真正的温柔不是甜言蜜语的挑逗，而是"置于内心的深刻思想"。男人，去体查女人的情感，展示你温柔的一面，给予她柔情慰安。

天凉莫忘告"珍重"，出行莫忘细心交待……你的柔情之海，将温暖一颗冰冷的心，让生活变得幸福美满！

# ■ 周末，我们去咖啡馆

>> 王慧骐

除了喝咖啡我们这些有胳膊有腿的男人应该干点什么。无论怎样，这块浩浩荡荡的黄土地可是我们自己的呀！该拆除的，我们还没有拆除；该建设的，我们还没建成。不然，我们有什么资格谈论这，谈论那。不然，我们怎么对得起大写的“人”字？

周末，我们约好了去咖啡馆。

每人要了一杯。那是地道的“雀巢”。

不放糖。我们的观点是：真正的咖啡应该是苦的。

柠檬汁和桔子水属于女性。男子汉来到这世上似乎注定了应当吃苦，应当喝咖啡！

我们一边用塘羹舀饮苦涩，一边在漫无边际地释放所谓的忧患意识——

我们谈企业的资金紧缺，谈银行的储蓄大战，谈女大学生的弃书经商，谈倒卖粮票、车票的交易市场，谈《报刊文摘》最新登载的关于某市长沦为阶下囚的报道，谈顶头上司那轿车屁股里驮走的各种玩意，谈我们这个有着五千年光荣历史的泱泱大国，谈这部庞大的机器因久滞而重新运转时发出不太令人满意的音响，谈我们几个极不显明的、眼下正在喝咖啡的男人……

我们谈得很累，喝得也很累。

喝到最后，我们得出的结论是：咖啡不是个好东西。

走出咖啡馆时，我们的脚步似乎很沉。

我们突然觉得，除了喝咖啡我们这些有胳膊有腿的男人应该干点什么。无论怎样，这块浩浩荡荡的黄土地可是我们自己的呀！该拆除的，我们还没有拆除；该建设的，我们还没建成。不然，我们有什么资格谈论这，谈论那。不然，我们怎么对得起大写的“人”字？

我们又改变了主意，咖啡还要喝，继续不放糖！

## ■赏析

“周末，我们去咖啡馆”，干什么？喝咖啡。——不放糖的咖啡，真正的咖啡。——“柠檬汁和桔子水属于女性。男子汉来到这世上似乎注定了应当吃苦，应当喝咖啡”。

简易的喝咖啡中，却喝出了“实”与“空”的道理：“这块浩浩荡荡的黄土地可是我们的呀！该拆除的，我们还没拆除；该建设的，我们还没建成。不然，我们有什么资格谈论这，谈论那”。

想一想，“我们又改变了主意，咖啡还要喝，继续不放糖!”，不无道理。

这是一种做人的本分。

# 墙上的钉子

>> 小 彦

*也许，我们选错了方向，才走上了那条忧伤的路；也许，是你不经意的轻拂，却刺痛了我心灵的窗户……*

某权威的美术学院，某西文美术史教授正在给一群不久的将来注定要成为艺术家的青年学生上课，内容：俄罗斯巡回画派；主题：现实主义的真实性；设备：因陋就简，白墙权作幻灯屏幕。

幻灯机打出了风景画家施什金的著名作品《松林》。

“这是一张现实主义的力作，作者用细致逼真的手法描绘了松树的风貌，表达了作者伟大的、热爱人民的思想。作者的写实技巧是无与伦比的，你们认真看看画在树干上的那颗钉子，多么富有立体感，简直像真的一样。下一张。”

教授对自己的演说才能和现场发挥能力似乎很满意，因为学生们都听得十分入迷。下一张是列宾的油画《突然归来》。

“在巡回画派里，列宾也许是最具有社会革命思想的一位伟大的现实主义画家，同时他那精湛深刻的现实主义手法，使他成为这一画派的领袖人物之一。《突然归来》取材于俄国十二月党人的斗争。这幅画就内容来讲，简直就是一本长篇小说。画家只截取了其中最激动人心的一页。更重要的是画家非凡的写实能力。我不想再重复别人说过的这幅画的人物描绘的精彩，我只想提醒大家注意一下画中墙上挂镜框的那颗钉子，你们难道不觉得也可以在上面挂一件衣服吗？下一张。”

教授恰到好处，戛然而止，因而他已经听到学生们激动的喧嚷。这种课堂效果是最令他满足的。

“接下来的这张是伟大的现实主义风景画家列维坦的代表作《通向弗拉基米尔之路》，大家知道，这条路是沙俄时代沙皇流放革命者到西伯利亚的必经之路，所以画家满怀深情地精心描绘了路上泥泞的脚印、路边的木栏栅以及栏栅上的那颗钉子……”

教授突然意识到他已经讲了三次钉子，他终于觉得应该走过去并且真的走过去了，在白墙找到了一颗钉子。

## 赏析

“我”想知道教授为何多次涉及钉子，“我”也想知道钉子的意义。

“学生听的十分入迷”和“学生激动的喧嚷”，已让这位教授陷入了深深的满足之中。人们在追求有价值的事物时，往往沉溺在旧俗之中，用一种大眼光看小方面，殊不知忽视的东西往往是让人惊叹的。钉子，也许就是被冷漠的吧，可它的艺术之美又怎能道尽？

教授“真的走过去了”，“在白墙边找到了一颗钉子”也是必然的……

# 把“野性”注入人生

>> 徐银海

**走在人生的春季，不要奢求浮华虚荣，要的是宠辱不惊，心就不会迷蒙，步履才会从容！**

在“循规蹈矩”、“安分守己”这矗立千年的偶像面前，野性被抹上了层低贱、叛逆的丑陋色彩。

当人们在浅薄的自慰、空虚的恬静、麻木的安稳中再也无法领略发源于远古文化的辉煌潮头和跨越“温饱”的自豪情感时，这座威严的金字塔的震裂声惊醒了匍伏在它脚下的善男信女。

于是，有了对野性的追求。

“野性思维”打碎了“从来如此”的思维程序；“野性”建筑师张在元的设计在国际大奖赛中连中三元；一曲充满野味的“红高粱”，在超稳定的心态中吹起了一股苍劲、粗犷的西风。

野性竟如此五彩斑斓！

不裹足、超短裙、迪斯科、三点式曾如过街老鼠般的“野”；自留地、文易所、公债券、个体商曾是离经叛道的“野”；但它们翻开了凝重的历史中最凝重的一页。

物竞天择，优胜劣汰。新的挑战、新的问题、新的抉择、新的现实，无不每刻要求人们作出新的反思，新的回答。仅以不变的悠久文化护身太不够了。

每个当代青年，都是奔涌起伏的改革浪潮上的冲浪骑手。唯有熟识这个全新的洪流，把不拘一格和拓新冒险的野性注入人生，方能穿行自如，冲向成功的彼岸！

## 赏析

**“野性思维”打碎了“从来如此”的思维程序；“野性思维”震裂**

了“安分守己”的金字塔，“野性思维”带来了“这个全新的洪流”。

“物竞天择，优胜劣汰”。聪明的人在“把不拘一格和拓新冒险的野性注入人生”，从而“穿行自如”，“冲向成功的彼岸!”

但，风中的大树虽是摇摆不定，而风过后的它依然挺拔峭立，不曾被风吹得迷失了方向。根，紧握在地下；叶，相触在云里。

把“野性”注入人生的人们，也应该有一种方向吧!

# 何必寻求理解

>> 王重旭

**马活驰骋人活梦想。坚持梦想，让梦想飞翔，迎上风雨，奋力振翼，让最初的梦想成真！**

“理解万岁”这一口号曾风靡神州大地。但是，口号毕竟是口号，那些寻求理解的人，有多少真正获得了呢？是的，被人理解是幸福的，但是，不被人理解便是痛苦吗？

有人说过，痛苦是由于所寻求的东西无法得到而产生的一种情感。不被理解的痛苦，正是由于我们过于追求理解了，如果我们不去追求它，它不被理解的痛苦还会存在吗？

在这个世界上，要想达到和谐完美，人人都相互理解是根本做不到的。哥白尼的日心说，达尔文的进化论，向上帝提出了挑战，可在当时，有几个人能够理解？热情宣传日心说的布鲁诺竟被烧死在罗马的鲜花广场；为人类解除臣大痛苦的牛痘发现者琴纳，当时却受到人们的嘲讽；而舒伯特的一首传世之曲《摇篮曲》在当时仅换得一盘土豆。要追求事业吗？你就顾不上人们是否理解！

我们中国人太看重理解了，于是便不敢越雷池一步，循规蹈矩，每做一件事，关心的不是事物的本身，倒是人家怎么说，别人怎么看，缩手缩脚，一旦有人提出不同看法，便惶惶然，便痛苦得不得了，不是呼吁“你要理解我呀”，就是赶快掉转向。结果，真正干成几件事的人实在太少了。由是，我更赞佩刘晓庆，别人理解不理解，赞同不赞同随它去，我照样干我的，我自有我的追求。

所以，追求理想就不必追求理解，一味追求理解只能给你带来痛苦，真正的强者应该是：走自己的路，让别人去说吧！

## 赏析

理解是甘霖的爱心，理解是泥土的支持，理解是成长的力量，理解是一种可贵的品质。

理解与被理解都是人的权力。对此，作者有自己的理解："不被理解的痛苦，正是由于我们过去追求理解了。要追求事业，就顾不上人们是否理解"。

因此，真正的强者与弱者之间仅仅横着一句："走自己的路，让别人去说吧！"

其实，这就是最本质的坚持自己。

# 私 语

>> 赵家新

人都是这样的，早料到了生活的艰难，才啼哭着来到这个世界却创造笑。

## A

孩子，在这静极的深夜，我对你说些什么呢？你静静地缩在母腹中，那可是全世界最安全的角落。

母亲已疲倦地睡熟了，脸上还漾着甜甜的笑，那该是你愉快躁动的传导。我知道你未必随母亲睡去，在你心里，还没有黑暗。你一定在做着某种准备。有一天，你鼓起勇气来到这个世界上，也会像爸爸降生时那样啼哭吗？你会像现世的人那样认为啼哭是软弱吗？别，孩子，别这么想。要知道，真诚的哭比笑更能震撼人，更能宣布你的存生。

人都是这样的，早料到了生活的艰难，才啼哭着来到这个世界却创造笑。

## B

孩子，我真是羡慕你母亲，她能每时每刻都与你对话，每时每刻都能感受你丝丝的情绪。我只能凭感觉、凭猜测了，谁心里这么痒过呢？

我经常看着你母亲的脸——发呆——其实是在看你呢，孩子。看你母亲神气十足的样子，我心里舒服得像吻过你稚嫩的小脸儿一样。这时候，你母亲是绝对的新闻发言人，爸爸听她讲来自你的故事，就像孩子听老人讲童话一样，怎么也听不够，怎么都觉得她还留了一点儿。要不然像我们恋爱时我用胡编的故事哄她开心。那时候，爸爸是你妈妈心中的“白马王子”，现在你成了你妈妈的“小白马王子”。当你降世时，恰巧也属马，也会像爸爸那时一样，乘着“弼马瘟”放过的天马，翩然而至。

孩子，有出息的人，来时总是那么潇洒。

## C

孩子，自从意识到你存在，爸爸就觉得这世上又多了一个对手。你妈妈原是最爱爸爸的，从你举着“母爱”的小手一出现，就使爸爸“情爱”的旗子黯然褪色。你极力地挤入我们当中，鲜明地站在了母亲一边。我觉得心里好紧张。母亲和孩子之间的爱是最神圣的，父亲和孩子之间的爱则是最崇高的。我感到了自己的责任。

当然，爸爸在成家后就极力改掉一些坏毛病。因为丹纳那老头儿说：“父亲后天学来一套，在孩子身上变成了遗传。”他这一句话，吓了我一大跳，我开始认认真真地挑剔自己。

孩子，有你，才使我安下心来，加入成熟者的行列。在这之前，爸爸还一直做着许多梦呢。一会儿想周游，一会儿想探险，今天想去喝顿啤酒，明天又想做些学问。你像催熟剂一样催我成熟，我谢你，孩子！

## D

孩子，说了这么半天，还忘了问你是男孩儿还是女孩儿？你总是这么顽皮，像谜写在母亲脸上，让我去猜。孩子，别反问我喜欢男孩儿还是女孩儿，爸爸就喜欢你！男孩儿就男孩儿，女孩儿就女孩儿。不过，说真的，爸爸还真有点儿偏爱女孩儿呢。爸爸知道，男孩子天生有许多缺点，过于争强好胜，脾气还有点儿那个。你看，爸爸和你妈妈立了一份“君子协定”：在你来到这个世界之前，即使感冒得头痛鼻塞热泪盈盈也不许吃一粒药，补偿是，想吃什么尽管说。这也够苛刻呢，你知道，母亲吃得再多再多，也只是完成你交给的任务，并不一定体味到甘美。

孩子，你能永不使母亲伤心吗？

## E

常常在街上看到孩子跟父母撒娇，吵闹得父母心烦意乱满脸愁容而又无可奈何，最后，孩子还是以弱胜强。我们都觉得是父母把他宠坏了。孩子，你不会再像爸爸、爷爷，有兄弟姐妹，你是自然的老大和老小，你也会当“小皇帝”、“小太阳”吗？

我常常对你妈妈说：“以后可不能宠着孩子。”过两天。她又拿同样的话来提醒我。笑过之后，还是不知道，你真的降临之后会怎样。

我想了好久好久。我们还是做个朋友吧，这样，谁也不会统治谁，也就不会出现“皇帝”了。

F

孩子，你将来到一个知识分子家庭，父母都是教师，绝无经商之才和发财的机会。你也许会像爸爸一样很瘦很瘦，不过，你从爸爸几排书架上爬一遍，你会成为一个富翁。

那时候，你也有了自己的一块田亩，种点儿什么，怎么种法，全靠你自己啦，孩子。

## ■赏析

“你静静地缩在母腹中”，“没有黑暗”，没有忧愁，孩子，你过得多么开心！

你就要降临于这个世上，你就要成为父母眼中的骄傲和期冀，孩子，你可要认真聆听世界上的每一点儿声音，千万不要迷失自己。

孩子，生活之路就要在你脚下延伸，你就要拥有一块属于自己的田地，“种点什么，怎么种法，全靠你自己”。

孩子，来到这个世界多么不易，你可要小心，再小心，千万不要沾上污泥！

# 选择阳光

>> 泥　娃

季节感激你虔诚的凝眸，那条定格的纱巾再次飞扬，系上每一份至真至纯的情感，填充你空洞茫然的心灵。世事沧桑，人世百态都不重要，千锤百炼的心灵最是坚韧。

你的鸽子，以独有的方式，从易俗河的极致里，适应而至。我曾经紧闭的心扉依旧紧闭，唯有感动的泪水把十一月天空下金色的阳光打湿。不敢晾晒起潮湿的心事，这里的城市，不在北方，也不在南方，它只在南北的缝隙里，伸展着绿色的手掌，以自己的方式艰难地生长着。

这个城市，在现代文明的漫卷里，早已隐去了原始的风景。灰暗的色调只能掩盖表象的东西，我不懂，它怎么可以如此轻易地进驻你年轻的心灵；秋海棠花时已过啊，我不懂，你思想的土壤里，为何还有它倔强生长的影子？

原谅我甚至只熟悉你的名字，已无法清晰地忆起你的面容，但短短的一些词句已足够让我在即将来临的岁末寒冬里找到一根温暖季节的木炭。易俗河水即将冻结啊，不要被它坚硬的外表迷惑，不要把你的灵魂轻轻安放，魔鬼在人们真诚的注视里惭愧地逃匿。

季节感激你虔诚的凝眸，那条定格的纱巾再次飞扬，系上每一份至真至纯的情感，填充你空洞茫然的心灵。世事沧桑，人世百态都不重要，千锤百炼的心灵最是坚韧。

美丽诚实的词句在黑夜来临的时候，纷纷抖落。听惯谎言的双眼在刹那间熠熠生辉，如明灯般照亮突然袭来的黑暗。结着丁香愁怨的少女只宜在雨巷里行走，现实里已不复有油纸伞。在尼龙、塑料、纤维世界里，雨巷的诗意和浪漫成为人们茶余品味把玩的童话。丢了油纸伞的少女从雨巷里走出，丁香的韵味在阳光里四溢开来，心底的愁怨早已蒸发。化为烟，袅袅飘散。

来吧，让我解开你为自己锁上的手铐。匍匐于土地上的人们，穿行于钢筋水泥的人们，都不是我们的罪过。这只是一种方式，选择生存的方式。方式是现成的，选择却是自己的。解开手铐，请我迎着太阳升起的方向，重新选择！请在异乡的街头抬头，好好整理被自己弄得絮乱、模糊的梦想。你会惊喜地发现，一切并不是遥遥无期，你所渴望的你都真真切切地握在手心。把被自己随意放逐的心灵从城市的背景里收回，把漂泊藏进深深的河床，阳光正在你的头顶欣喜的开花。

紧闭的心扉依然紧闭，不是不敢，只是不能开启啊。把你的钥匙收起吧，在所有感动感激的泪水里起程，好好地赶你该赶的路吧，祝福的眼神将伴你海角天涯。

日子飘逝中，春天来了吗？夏天过了吗？枫叶红了吗？该下雪了吧？选择阳光的你，还好吗？

## ■ 赏析

年轻的朋友，幸福在哪里？在奋斗拼搏之后，更重要的是把握自己。

不要忘记，太阳上面还有黑子的活动，光明世界，还有阳光照不到的荫地。带上你的真诚，还有那至真至纯的情感，直面“世事沧桑，人世百态”，用千锤百炼的心灵去铸就坚韧，在“所有感动和感激的泪水里起程”，在亲情的关爱中，祝福“选择阳光的你”。

一路顺风，万事如意！

# ■残 秋

>> 李 靖

**树上又飘了一些树叶，一阵风起，一片片枯叶漫天飞舞。在这深秋之夜，我的心情十分茫然。在社会上至今犹存的这种现象为什么不能像残秋那样一扫而过呢？人与人之间能不能多一点道德，多一点理解，多一点温暖，多一点爱呢？**

夕阳西沉，暮色笼罩了一切，我迎着秋风走过一条又一条路，索然无味地寻找早已搬迁得不知踪影的车站，任凭零落的枯叶被我踩得“吱吱”直响。忽然，一阵狂风夹着细沙扑面打来，我不禁打了一个寒噤，深秋的一切都让人感到惆怅。

我好不容易走到延安西路，这里残秋的夜景却繁华依旧。商店门口招牌上的霓虹灯忽闪忽闪地，煞是好看。人行道上匆匆赶路的行人还是不少。马路上一辆接一辆的汽车带着寒风呼啸远去。但是，我所注意到的，既不是霓虹灯的变幻无穷，也不是那些西装革履打扮入时的人们，更不是穿梭不息、来来往往的汽车，而是一个不起眼的瑟缩着身子的老太太。

她身材又瘦又小，头上包着一块黑色头巾。灰色的外套已经泛黄，小小的脚上套着一双老式布鞋。一阵风吹过，老人抖得更厉害，衣衫的波动也更大了。她的头低低地沉着，几乎埋进黑色头巾里。无论灯光有多亮，我也看不清她的脸，只看到她的鼻梁上架着一副老花眼镜，颤颤地发抖。

或许她视力太差，或许她步伐太缓。正当老人小心翼翼地盯着地面过马路时，一辆自行车从她左侧疾驶而来，不偏不倚，正好撞在她的身上。“噗”一声，老人应声倒地。人行道上霎时围拢了许多人，个个都带着一抹惊奇的神色。自行车横在地上，车轮飞快地转着。肇事者赫然是穿着笔挺的西装的年轻人。他环顾左右，脸不耐烦地对着老人喊道：“起来！起来！”

老太太伏在地上，头垂得更低，仿佛没有听见四周杂乱的声音，两只手在地上不停地摸索着。路边的灯光柔和地洒在她的身上，她那干枯的手在灯光下更显得脉络分明，僵直如枯树枝一般。

忽然，人群里有人喊起来："眼镜，眼镜。"我望了望四周，啊！眼镜，就在路中央。我刚想一步上前拾起眼镜，又一辆自行车擦身而去，车轮恰好从眼镜上碾过。可是，骑车人头也不回就扬长而去。眼镜，哪能不碎？

我望着地上的眼镜碎片，低低地叹了一口气，却听见老人低语："眼镜，我的眼镜……"我不顾众人惊诧的目光，过去扶她起来，又把她搀到人行道上。这时，人们渐渐散去，只留下一阵阵嘲讽的讥笑声，肇事者也若无其事地推起车走了。只有老人仍在梦呓般地喃喃道："眼镜……"

我拾起眼镜框架交给她，她一下子呆住了，半晌说不出话。我依然看不清她的脸，但是我猜想她这时的表情一定很木然。

过了一会儿，她悄悄地推开了我扶她的手。幸好，她被车撞的不太重。她慢慢地，蹒跚地，一步一步地往前走。她确实老了，老得无力了。可是却没人肯帮助她、关心她。她，就像是残秋里的落叶。

延安路上耀眼的灯光早已远离了我们。现在我们正面对的是一条黑洞洞的、深不见底的窄弄堂。老人头也不回径直走了进去，推开了一扇漆黑的门……

树上又飘了一些树叶，一阵风起，一片片枯叶漫天飞舞。在这深秋之夜，我的心情十分茫然。在社会上至今犹存的这种现象为什么不能像残秋那样一扫而过呢？人与人之间能不能多一点道德，多一点理解，多一点温暖，多一点爱呢？

我带着满腔的同情和满腹的疑问走了……

## ■赏析

本文突出的特点是情景交融。以"残秋"为题，故事又发生在夕阳西沉，暮色笼罩，枯叶遍地的情况下，孱弱的老太太被撞倒在路上，没有温暖的语言，连眼镜被轧碎也没有一句道歉的言语，令人感到人世间冷漠得如秋风。

本文的另一个特点是立意深刻，通过常见的小事，绘出了道德论丧者的肖像，也写出了社会风气之不正常，从而呼唤多一点道德，多一点理解，多一点温暖，多一点爱！

# 人的北大

>> 李　洪

只有千古不变的日月，没有千古不变的时光。

第一次有文章写对北大的不满。作者是个西安的青年，并非青年作家，也非青年企业家，他甚至不是一个大学生。也许连大学都没有考上的人来对中国最高学府品头论足会招致许多人的嗤之以鼻，但我能够理解这来自社会不起眼的角落里的对北大的淡淡的遗憾和不满——起码是对现在的现实中的北大。正如他自己所说的那样：我心中的北大似乎一直就活在书页里，和现在保持着距离。

故事很简单：作者如许多过去和将来的莘莘学子一样，在高三的最后时刻里将心仪许久的北京大学确定为自己的奋斗目标。千军万马过独木桥，作者很不幸地被挤了下来，失去了接闻一多先生的烟、抓辜鸿铭辫子的机会，失去了创造更多流传长久的轶事的希望。一年后，同学聚会时，他们都依偎在"北大们"的身边照相。他试图从"北大们"身上看到一点闻一多们的影子及余韵，但他只听到了同学口中不断吐出的几个字："我们北大人"。

当一个并未被打上什么烙印的人成为一个"北大人"时，很大程度上意味着他不再是一个独立、完整的人，一个拥有独立人格和精神的精神创造者。他已成为某种形式、代号的一部分，人开始被"北大"的定语牢牢地限制住他的性质。"北大人"成了人的价值与素质的一个标签，成了人生旅程的一张通行证。当人的北大变成北大的人的时候，为北大博得盛名的历史开始泛黄、隐去。"那里的声音是杂乱、不统一的"，"西装革履和黄袍马褂的身影总是交错混淆。在那里边，闻一多抽着烟走上讲台，辜鸿铭拖着小辫子在学校摇来摇去"。没有职称、住房的围剿，容得下精神自由生长，那是人的北大，不是某些"北大人"的北大，作者心仪的正是这样一个北大。

我想，北大百年来常兴不衰的原因正是"以人为本"，而绝不是

“以校为本”。但社会价值观的取向似乎越来越偏向急功近利和文凭第一、履历第一，其后果就是丧失了轶闻和趣事的北大的未名湖畔没有人再风度从容地散步，一个学术活跃、思想开放的学府成为批量生产“北大人”的工厂。这是许多人，包括我不愿看到的。

## 赏析

能成为北大的一员，是多少莘莘学子的梦想。然而上了北大，就是真正的北大人了吗？作者抓住此现象，以“人的北大”贯穿全文，意在说明，不应以校为本，而应以精神为本。全文没有就此收笔，而是把视野投向了更广阔的社会生活舞台：不能文凭第一、履历第一。全文紧凑，思想含量大，引发人们对现实生活的思考。值得提出的是，本文的标题新颖别致，以“人”做“北大”的定语，更能看出作者所竭力提倡的观点。

# 尴尬瞬间

>> 朱艳艳

什么时候我们学会说爱，什么时候我们就懂得去爱！

7月的天气燥热异常，一切都显得疲乏不堪。载满乘客的公共汽车爬行在蜿蜒的山路上，似乎更显得沉重而疲惫。

车内的人很拥挤，座位早已被占满了，走道中间也站满了人，老王就是其中的一位。本来就很热的天气再加上人群拥挤，使老王不停地用手绢擦额头上的汗珠。他的旁边站着一位老大娘，用手扶着椅背，布衫的后背已被浸湿了一大片，她旁边的座位上却坐着一个大模大样、十七八岁的小伙子，他使劲地盯着窗外，车内的拥挤嘈杂似乎与他毫不相干。

“这一老一少的位置对换一下多好。”老王的心里突然起了一种冲动，嘴唇刚动了一下，他立即想起了临行前老伴的嘱咐：“现在不比我们年轻那时了，你在外面少管闲事，少惹麻烦。”“罢罢，还是不管的好。”老王摇了摇头。

汽车还在慢慢地爬行着，突然，司机猛地来了个右转弯，车里的人都向左倾斜了。旁边的那位老大娘一下子靠在了那位小伙子身上。待汽车平稳后，老大娘扶着椅背，艰难地挪动着她那臃肿的身体试图直起腰来。也许是过分疲劳，或者是刚才歪倒幅度太大的缘故，她似乎显得力不从心，苍老的脸上露出极为难受的神色，再加上人群拥挤，几次都没能直起腰来，索性就那样佝偻着腰，喘着粗气。旁边那位眼睛一直盯着车窗外面的小伙子扭过头来，见状后也并不怎么惊奇，只是轻轻推了她一把，使她站直了身子，一切便又恢复如初。

汽车继续在公路上颠簸着，老大娘的脸色越来越难看了，热汗顺着额头上一道深深的皱纹往下淌，紧锁着眉头，左手捂着胸口。看来，她很可能有些晕车了。十四五岁的小伙子又一次扭过头来，瞅了几眼。“他许会给老太太让让座位。”老王心里想着，因为老太太的样子实在太扎眼。然而老王失望了，小伙子收回目光，依然稳坐着。“太不像话了，年轻力壮的小伙子坐着，却让一个虚弱的老太太站着，还讲不讲一点社会公德了！”老王再也忍不住了，终于伸出手来碰了碰那位小伙子的肩膀：“哎，小同志，你看你旁边的这位老太太都站不住了，你也应该让一下座嘛！”

“喂，你拉这孩子干啥呢！”还没等老王反应过来，老大娘用刚才捂胸口的左手一下子打开了老王放在小伙子肩上的手，冲他嚷着，“你回去教育你的孩子好了，我的孙子你可别管！”

“什么？……”老王看看这位老大娘，又看了看那位小伙子，突然觉得尴尬极了……

## 赏析

作者选取了生活中常见的乘车题材的内容，但主题鲜明，构思精巧，对比鲜明，人物心理活动描写有特色。

首先，平中见奇，立意深刻。作者通过乘车中的一件小事，对让不让座，进行剖析，揭示了社会上一些家长过分溺爱孩子的现象，同时又鞭挞了不懂得敬老爱老的年轻人。这样以小见大，拓展了主题，使人不得不深入地思考这样的问题：怎样才能形成良好的社会风气？

其次是精巧的构思。小伙子竟然忍心看着奶奶极其艰难地站着乘车而不让座的一组组镜头，给人深深地印象。

最后是对比的巧妙使用，一老一少，一站一坐：一个艰难，一个悠闲，一个强忍痛苦，一个冷漠无情，这一组组对比，有力地揭示了中心，而老王心理活动的前后对比，也颇有特色。

# 哦，洁白的雪花

>> 王 瑾

片片雪花，像蝴蝶似地飞落下来。雪花落到我的手里凉丝丝的；飘进嘴里，甜甜的；沾在睫毛上，别有一番舒服的感觉。

隆冬的早晨，真冷啊！我跑出房间，惊喜地望着天空。片片雪花，像蝴蝶似地飞落下来。雪花落到我的手里凉丝丝的；飘进嘴里，甜甜的；沾在睫毛上，别有一番舒服的感觉。近处，房顶上、树上都铺了厚厚的一层雪；远处的田野、小道也辨不清了。真是银装素裹。大地的一切都在感受着雪花的温柔。我吃过饭背上书包走在上学的路上。路真滑，稍不留神就会坐上“飞机”。我搓搓手，整整围巾。慢腾腾地走着。街上行人稀少，道路好像越走越长。突然，前面胡同的拐弯处出现了一个小姑娘，我加快脚步追上了她。小姑娘不过七八岁，一双明亮的眼睛在浓浓的眉毛下闪动，头上扎着两只“小辣椒”。那双红棉鞋上沾满了雪花，怀里还抱着一个东西。随着她的走动，那东西发出“咣啷咣啷”的响声。走了一阵儿，她停下来，也许是怕它掉下来，便又往怀里塞了塞，继续向前走。到十字路口，一个人骑着自行车横冲而来，小姑姑来不及躲开，被自行车上的箱子碰了个大筋斗。哟！我倒吸了一口冷气。看样子，她似乎摔得不轻。骑车人回头瞥了一眼，便逃之夭夭了。我望着那人的背影非常气愤。当我上前扶她时，她已经自己爬起来了，怀里依然紧紧抱着那东西，但身上满是雪。“真缺德！”我骂着那带大箱子的人。她清脆地说：“没关系，是我没看见，大姐姐帮我拍拍身上的雪。”我给她扑打了两下，便一起向前走去。

我问她：“你们家在哪？”“技工学校对面的新胡同。”她回答。“啊，我们家离那儿不远，不过，大清晨，你一个人去干什么？”我又问。“嗯……这事保密，你不准对别人说。”小女孩眨巴眨巴眼睛，用信任的眼光望着我，那天真幼稚的样子把我逗乐了。“瞧你，大姐姐不说。”“好吧，你真好。”她拉着我，一边走一边对我说：“我们家是前些日子刚刚搬来的，前院住着一位刘奶奶，年纪大了，家人又在外地工作，姐姐就把取牛奶的事全包了。可姐姐今天病了，我就……”我这时才明白，那被她紧紧搂在胸口的是瓶牛奶。“放在我书包里给你背一会儿。”“哟，这可不行。”她连忙把瓶子往大衣里塞塞，生怕我夺走似的。“刘奶奶腿脚不灵便。牛奶还是热的，我这样拿着就不用她下地重热了。”

望着雪中和我一起走着的小姑娘，我不禁由衷地赞叹：她们姐妹俩具有着白雪般的纯洁心灵。雪，越下越大，远处的房屋、树木都融入了茫茫雪海之中。小姑娘和这雪花一样，是那样的纯洁……

## ■赏析

文章赞扬“小姑娘”助人为乐的精神。作品构思巧妙，别出心裁，由景入手，以景衬人，巧妙地把人物放在特定的环境中加以塑造。在大雪中，关心老人的她“怀抱着一个东西”毫不畏惧。作者将她助人为乐的精神展示在这样背景中，更令人感慨、钦佩。另外，作者在写景时寓进了象征意味，“洁白的雪花”既进实写，同时又象征了“小姑娘”的心灵洁白无瑕，纯朴可赞。文末点睛之笔，既明示主旨，照应开头，又留有余味，令人深思。

# 美的断想

>> 杨涓竹

如果说起点象征着希望和信心，那也只能说它是一个美丽的向往，一个美好的期盼；而经历则是起点的延伸，是起点到终点的桥梁。如果说终点才可以使一个人真正看清自己，了解自己，那么终点决定于经历，只有经历才能主宰最终的结局，没有经历也就无所谓结局；没有经历，起点也只是空中楼阁。

有人说起点很美，因为它孕育着希望，给人以信心；也有人说终点很美，因为它意味着成功，给人以满足，它是对付出的回报，它是能力的体现；而我却认为从起点到终点的那段经历最美，因为正是每一段经历才组成了人生，才使人不断感悟，不断成熟，所以只有那一段段经历才最耐人寻味。

如果说起点象征着希望和信心，那也只能说它是一个美丽的向往，一个美好的期盼；而经历则是起点的延伸，是起点到终点的桥梁。如果说终点才可以使一个人真正看清自己，了解自己，那么终点决定于经历，只有经历才能主宰最终的结局，没有经历也就无所谓结局；没有经历，起点也只是空中楼阁。

因此，我们不能仅仅用失败的结局来概括任何一段经历。因为即使是失败的结局，也有流汗流泪的经历，也有并不十分耀眼的闪光点。中国足球依旧未能冲出亚洲，难道能据此说他们一无可取吗？他们也曾不遗余力地拼搏，并且取得了很大的进步；同样，我们也不能仅仅用成功去概括任何一段经历，因为它太肤浅，无法表达成功背后那一段段充满艰辛、坎坷、曲折的经历。难道一句“中国抗日胜利了”就可以代表那没齿难忘的八年的经历吗？一句“日本投降了”就可以代表日本人在中国犯下的滔天罪行吗？所以经历才最富有内涵。

经历之所以美，还在于它是一面镜子，它让你明白什么是你应该做的，什么是你的优点；什么是你应该改进的，什么是你的弱点；……它能告诉你怎样才能到达成功的彼岸。爱迪生虽然有一千多次失败的经历，但他最终发明了电灯。所以经历是一笔无价的财富。

## ■ 赏析

文章阐释了经历比起点、终点更美的观点，说理深刻和新颖，比一般的说理散文内含更深刻。文章结构完整，构思精巧，条理清晰。开首写断想原因，中间为断想内容，最后揭示主题照应开头。作者运用排比、反头等修辞方式，使说理散文气势恢宏，观点明确，形虽散但条理清晰，处处紧扣“经历更美”这一“神”。

# ■习 惯

>>田 笑

习惯啊，习惯，多么令人不可思议的现象。不合理的，只要习惯了，也就成为合理的；而合理的，因为不习惯，也会成为不合理的。

他和她老是吵架，吵得很凶。

她的嗓门很大，左邻右舍都能欣赏到她的花腔女高音；而他，声音倒不大，但从她的嚎叫和哭声中可以判断出，他的力气很大。

自从婚后，他们之间似乎就没有停止过战斗，即使停火，最多也不过一个礼拜。

吵架已经成了他们一个固有的特殊的习惯。

为了该不该给仙人掌浇水他们吵；

为了穿牛仔裤还是裙子他们吵；

为了散步还是睡觉他们吵；

甚至为了搞清楚究竟是响屁臭还是闷屁臭他们也吵……

然而，他们却并不记仇，吵过了也就算了。早晨刚刚吵过，上午他们便又搭肩勾背，眉来眼去地逛商店了，那样子俨然是一对恩爱夫妻，并蒂莲花，比翼鸳鸯，着实令人羡慕。

也许这就是习惯吧，习惯已使他们麻木，习惯已使他们不以为然。

习惯啊，习惯，多么令人不可思议的现象。不合理的，只要习惯了，也就成为合理的；而合理的，因为不习惯，也会成为不合理的。

但是，他们的父母毕竟心疼自己的儿女，当他们知道儿女之间的战事后，请来了单位领导，对他们进行了严肃的批评教育，并让他们签订了停战协议。

于是，两个月来，他们没敢开火。

他对她彬彬有礼。

她对他温文尔雅。

可是，裂变却在内层孕育着。两个月来，他上班无精打采，差点出了事故，回家后就是睡觉，连最爱看的武打功夫片也失去了兴趣。她呢，懒懒散散，似乎连脸都不想洗，面黄肌瘦，愁眉苦脸。

他觉得很寂寞，她觉得无聊。

他们觉得生活失去了很多乐趣。

终于有一天，她对他说要离婚，他居然不加思考地同意了。

可悲啊，这是他们结婚以来第一提出这样的请求。

晚上，洁白的月光透过薄薄的窗户洒到了温柔的床上。她动情地搂着他，眼里噙满了泪花，喃喃地说："你再打我吧。"

他惊诧了："你还骂我吧。"

可笑吗？可悲吗？可恨吗？可气吗？

他们终于挣脱不出他们自己编织的习惯的网！

习惯啊，习惯，多么可怕的习惯啊，好的习惯是那么难以保持，而坏的习惯又是那么难以突破！

难道这是上苍对凡夫俗子的惩罚吗？

难以保持优良的习惯，就难以有所建树。

难以突破不好的习惯，就难以超越自我。

习惯，是一个深奥的话题，它伴随每一个人的一生，你准备如何对待它呢？

## 赏析

一个人好的习惯是那么难以养成和保持，而坏习惯又是那么难以突破。

人们常说：学好困难，学坏容易。人生好比登山，每前进一步，需付出巨大的心劲，而下山虽也不易，但比上山都好走的多了。

我们生活在复杂的社会环境中，只有保持优良的习惯，才能有所建树；只有突破不好的习惯，才能超越自己。

本文立意深刻，通过写司空见惯的两口子老是吵架的习惯，发出"好习惯是那么难以保持，而坏习惯又是那么难以突破"的感慨，进而透视出"难以保持优良的习惯，就难以有所建树。难以突破不好的习惯，就能以超越自我"的人生哲理，给人以深刻的启示。

本文生动形象，有文采。文中句式灵活多样，整句与散句结合。比喻、夸张、对偶、排比等修辞的运用增强了文章形象性和感染力。记叙中的议论很好地突出了中心。此外，幽默的语言也为文章增色不少。

# 求上与求乐

>> 黄庆宁

**在生命的历程中，我们要使自己快乐，必须拥有坦然！**

某日，听电台广播说，北京的青年当中现在流行一语：“找乐去哟！”一帮年纪轻轻的哥儿们无事喊上一句“找乐去”，便在雪后的大街上寻了一处，用脚把雪踏得结实、滑溜，然后站在一边，向骑车路过的人直笑，笑得让有些骑车人心里发毛，一不留意，车下一滑，摔个“狗吃屎”，那帮哥们便大笑不止。

此为何乐也？纯属无聊之举。它反映了当前一些青年无所事事，百般无聊的心态。此种害人之乐万万“求”不得，“求”之必遭人白眼、斥骂。

我也熟悉国外一些年轻朋友。他们是求上的。但令人遗憾的是：某日，我跟一位同学闲谈起马拉多纳，一位忽然插嘴问道：“马拉多纳何许人也？”此番问话引得我与同学吃惊不已，大笑不已。据我所知，这位朋友整日埋头于课本，电视与“闲书”是极少看的。我问他：“你就没有枯燥的时候？”朋友答曰：“我非圣人，枯燥之时免不了，但我得顾及今后的高考，深造呀！”我默然。在家长及老师眼里，他可算是“求上”之典型，是个成绩优秀，学习刻苦的好青年。可我觉得，他如苦行僧一般，将自己的青春年华锁在自家小屋里，任其付之东流，却非高明之举。年轻人的生活应该是充实的，不能只把自己圈在课本里。他们应该跳出这个小圈子，看一看外面的世界。他们会发现世界是多么美好，生活是多么富有乐趣！

在很多人眼里，“求乐”与“求上”是完全对立的，“求乐”者绝不可能“求上”，“求上”者绝不会“求乐”。我以为此言差矣！现在，时兴寓教于乐。求乐，须看求的是什么乐。诸如上文所述之求乐，是一幕坑人的闹剧。此种“乐”必遭众人唾骂，是不健康，不文明之乐。而课余打打球、弹弹吉他，春日里野外踏青，秋天里观赏红叶，此为文明之乐、高雅之乐，调剂了精神，陶冶了性情，对“求上”大有帮助，求此之乐，何乐而不为呢?

求上，也必须看怎么个“求”法。我以为，所谓“上”，不只是指学习方面的，还应包括人的品质、情操，能力等。这样看来，“求上”的意义就广泛了。整日埋头苦读而近乎书呆子者，活动活动，乐一乐，也许收获会更大。说不定全面“求上”，你会有更多的知识，赢得更多的朋友，受到更多人的敬佩，从中你也将更感到世界之多彩、生活之乐趣。

可见，“求乐”与“求上”并非完全矛盾，须看“求”的是何“乐”，才能下定断。

## 赏析

“求上”者，就是一心扑在学习，事业上，努力奋进者。

“求乐”者，就是在“劳”之余，求其精神上的放松娱乐。

“求上”与“求乐”二者应是统一的。二者关系处理得当的人，才是一个会生活的人。诸如寓学于乐，寓教于乐。只有会乐的人，才是一个会工作的人。“不会休息的人就不会工作”，它揭示了工作与休息的辩正关系。

“求上”与“求乐”关系处理得好，将事半功倍，否则将事倍功半。

这篇文章是阐明“求上”与“求乐”关系的，作者先举出一个“求乐”的反面例子，又举“求上”片面的例子，说明“无聊”之“乐”与“小圈子”之“上”都不可取。然后文章就真正的“求乐”与“求上”的辩证关系及其正确的涵义发表了看法。文章紧扣题目，逐层讲述，逐层议论，逐层深入，说理循循善诱，令人信服，有亲切感。

# 敢为天下先

>> 王　如

如果没有人敢为这些”先”，都怕违背马列哲的现成理论，都怕“枪打出头鸟”，那不就像饥饿的人隔着玻璃窗看见鲜美的食物，却不敢打破窗户，等着别人去砸吗？大家都不去砸，结果只能是急死、馋死、饿死。实在难以想象无人敢为先的社会，改革怎么可能进行下去！

古训云："木秀于林，风必摧之；堆出于岸，流必湍之；行高于众，众必非之。"老子处世三宝之一就是："不敢为天下先。"我斗胆唱句反调，划去"不"字，便是："敢为天下先。"

这道理从科学技术的发展上最易得到印证。伽利略为什么能研究出落体定律，因为他最先怀疑了亚里士多德的理论。如果他看到大、小铁球同时落地而不敢第一个站出来发问，闭起眼睛谨遵 VIP（英语"圣人思想"的缩写）的结论，恐怕只能成为旧理论的忠实信奉者，而不是伟大的科学家了。1987 年诺贝尔物理学奖授予了西德的格奥尔格·贝德诺尔茨和瑞士的亚历克斯·米勒，其原因恰是他俩最先提出铜、钇、钡等氧化物及陶瓷可作超导材料，打破了只有银等金属才能充当超导体的传统理论，为人们开拓了思路。开辟了新的研究领域。虽然评奖时，中、美、日等国科学家已经实验出超导材料，但头功仍然属于这一理论的最先提出者。在科学发展领域里，"先"的含义不仅仅是别出心裁，而且还是大胆的质疑，科学的预见，其价值正如二次曲线的极值转折点。"敢为天下先"实在是任何一门科学得以发展的前提条件。

其实，社会的变革又何尝不是这样的呢？现在我们国家改革经济体制、政治体制，必然碰到许多新情况、新问题、新矛盾，这一切要求人们敢于先尝试、先设计、先摸索、先探讨。"一国两制"的构想是创先；"社会主义初级阶段"理论的确认是创先；张兴让的满负荷工作法是创先……如果没有人敢为这些"先"，都怕违背马列哲的现成理论，都怕"枪打出头鸟"，那不就像饥饿的人隔着玻璃窗看见鲜美的食物，却不敢打破窗户，等着别人去砸吗？大家都不去砸，结果只能是急死、馋死、饿死。实在难以想象无人敢为先的社会，改革怎么可能进行下去！

“敢为天下先”不仅仅是科学发展和社会变革的需要，从哲学意义上说，它是一切新事物产生的开端和由来。“新事物是通过否定旧事物发生质的飞跃而产生的。”如果没有“敢为天下先”的精神，旧事物何以被否定，质的飞跃如何发生，新事物又怎么能产生呢？所以凡是具有强大生命力和远大发展前途的新事物都是“敢为天下先”的产物。

由此不难看出，“敢为天下先”是积极进取的精神，而“不敢为天下先”是保守落后的意识。恪守中庸之道，害怕发展，害怕新事物，“不敢为天下先”，其结果就总是落后。一个人、一个团体是这样，一个国家也是这样。发展科学不敢为先，等着别人的成果，变革社会不敢为先，等着别人的模式，那么一个国家、一个社会就要落后腐败，受制于人，哪里谈得上赶超先进国家。近代史上我国“落后挨打”的教训，是很惨痛的。绝不能让“不敢为天下先”的思想禁锢我们的头脑。

勇猛争先吧！“敢为天下先”的人，即使倒下了，身躯也是向前的！

## 赏析

“木秀于林，风必摧之；堆出于岸，流必湍之；行高于人，众必非之”。这是古人的处世哲学。但在今天，我们今人如果没有人敢为天下先，都怕“枪打出头鸟”，社会改革怎样进行？社会还会进步吗？

勇猛争先吧！“敢为天下先”的人，宁愿站着死，也决不倒下活！

本文作者大唱反调，宣传“敢为天下先”，可谓是有理有据，大快人心。作者先以传统思想中引出批判的对象，将其具体化，然后再有的放矢地加以分析批驳。作者从多个方面论述了“敢为天下先”的合理性和必然性，接着联系现实再从反面剖析“不敢为”的危害。正反对比，立场鲜明，说理有力有据。